Alice Huskey

Verdrängt

Sexueller Mißbrauch von Kindern

R. BROCKHAUS

R. Brockhaus Taschenbuch Bd. 483

Die amerikanische Originalausgabe erschien
unter dem Titel »Stolen Childhood«
bei InterVarsity Press, Downers Grove, Illinois

Deutsch von Silvia Lutz

Umschlaggestaltung: Carsten Buschke, Solingen
Umschlagfoto: TCL/Bavaria, Gauting bei München
Gesamtherstellung: Breklumer Druckerei Manfred Siegel KG
ISBN 3-417-20483-6

INHALT

Rat, mit dem man Kindern helfen kann

1. Dein Körper gehört dir!
2. Vertraue deinem Gefühl!
3. Unterscheide zwischen schönen und unangenehmen Berührungen!
4. Es ist erlaubt, nein zu sagen!
5. Es gibt gute und es gibt schlechte Geheimnisse!
6. Erzähle und suche Hilfe, wenn du sie brauchst!

»Rotkäppchen«, Bielefeld

Für meine Mutter,
die mir glaubte
und Schritte unternahm,
um mir zu helfen

1. Ein persönliches Vorwort

Angst und Erleichterung ergriffen meinen ganzen Körper, als ich vorsichtig durch das Küchenfenster spähte. Zwei Polizisten führten meinen Vater ab. Wütend blickte er über die Schulter zum Haus zurück. Seine Lippen formten die Worte: »Ich bringe dich um.« Es war nicht das letzte Mal, daß er diese Drohung aussprach.

Die vergangenen zehn Jahre meines Lebens waren voller Geheimnisse gewesen, aber schließlich hatte ich meiner Mutter das schrecklichste von allen verraten.

Mutter war gerade nach mehreren Tagen, in denen sie in ihrem Beruf als Krankenschwester unterwegs gewesen war, nach Hause zurückgekehrt. Sie war ganz aufgeregt, weil unsere Freunde ein Baby bekommen hatten, und wollte wissen, was zu Hause los gewesen sei. Das Gespräch schien völlig normal zu verlaufen. Doch plötzlich, ohne es geplant zu haben, erzählte ich ihr, daß mein Vater mit mir geschlafen hatte. Schlagartig verwandelte sich ihre freudige Aufregung in Niedergeschlagenheit, und sie verließ fluchtartig das Haus.

Der Tag wurde zu einem unglaublichen Alptraum. An jenem heißen Julitag war ich ganz allein, sprachlos, benommen und vor Angst wie gelähmt. Ich hatte Angst, weil das, was ich gesagt hatte, meine Mutter aus der Fassung gebracht hatte, hatte Angst, sie würde mich verlassen, hatte Angst, sie würde mich bestrafen. Ich hatte davor Angst, daß mein Vater nach Hause kommen und herausfinden würde, daß meine Mutter jetzt alles über uns wußte. Als Mutter zurückkam, erklärte sie mir, sie sei bei Freunden gewesen und wir müßten zur Polizei gehen. Neue Angst befiel mich. So sehr ich mich auch vor meinem Vater fürchtete, vor der Polizei fürchtete ich mich noch mehr!

Statt Erleichterung darüber zu verspüren, daß mein Geheimnis endlich aufgedeckt war, wirbelten in meinem

Kopf alle möglichen Fragen durcheinander. Was hat mein Vater getan? Was habe ich getan? Was wird jetzt geschehen? Warum hat meine Mutter einem anderen Menschen, und ausgerechnet der Polizei, erzählt, was ich ihr anvertraut habe? Was geht in ihrem Kopf vor? Was wird mit ihr geschehen? Was wird sie mit mir machen? Warum hat sie so große Angst? Was wird mein Vater mir antun?

Auf der Polizeiwache warteten wir eine halbe Ewigkeit. Dann stellten mir die Beamten endlose Fragen. Daneben warnten sie mich, über bestimmte Dinge mit niemandem außerhalb der Polizeiwache zu sprechen. Das verwirrte mich endgültig. Noch mehr Geheimnisse! Und die Aufforderung: »Sage die Wahrheit, aber sage die Wahrheit nicht!« Ich war unfähig, noch mehr zu sagen. Statt dessen machte ich mir jetzt Sorgen, daß ich bestraft und ins Gefängnis gesteckt würde.

Als wir nach Hause zurückkehrten, überwältigte mich meine Angst. Ich wußte, daß mein Vater bald von der Arbeit käme. Meine größte Frage lautete jetzt: »Was wird er mir antun?« Er konnte so zornig werden!

Ich war auf die Folter gespannt, bis er nach Hause kam. Das Küchenfenster war immer mein Spähposten gewesen, auf dem ich wartete, bis mein Vater nach Hause käme und mich mißbrauchte. Jetzt beobachtete ich durch dasselbe Fenster, wie mein Vater sich einem Polizisten widersetzte, der ihn in Handschellen abführte.

Damals hatte ich noch keine Ahnung, wie sich diese Enthüllung auf den Rest meines Lebens auswirken würde. In gewissem Sinne hatten meine Schwierigkeiten gerade erst begonnen.

Die Anfänge des sexuellen Mißbrauchs

Ich kann mich kaum an eine Zeit vor dem Mißbrauch erinnern. Vage erinnere ich mich daran, daß ich, als ich ungefähr drei Jahre alt war, eines Morgens aufwachte und merkte, daß meine Schlafanzughose heruntergezogen war. Ich war verwirrt, erinnerte mich aber dann daran, daß mein Vater sie mir in der Nacht ausgezogen und ich ihm gesagt hatte, daß *ich* sie selbst wieder anziehen würde.

Was so harmlos aussah, wuchs zu schmerzlichen Erfahrungen. Mein Leben wurde von Geheimnissen und Angst regiert. Ich verstand nicht wirklich, was mit mir geschah. Wenn meine Mutter nachts arbeitete, kam mein Vater an mein Bett oder trug mich hinüber in ihres. Seine sexuellen Forderungen waren unterschiedlich, aber sie raubten mir alle die Sprache und vermittelten mir das Gefühl, zu erstikken, mich übergeben zu müssen, oder ließen mich vor Angst und Schmerzen erstarren. Ich erlebte endlose Qualen, wenn er versuchte, in mich einzudringen. Ich haßte das klebrige Zeug, das ich dann saubermachen mußte.

Aus den kurzen nächtlichen Besuchen wurden lange Nächte, Wochenenden und Abende. Wenn Sonntag und Mittwoch abends der Rest der Familie in der Gemeinde war, fiel ich meinem Vater zum Opfer. Später fing er an, mich täglich nach der Arbeit zu mißbrauchen.

Manchmal stellte ich mich schlafend. Ich preßte mich an die Wand. Andere Male kämpfte ich, um ihm zu entkommen, und verweigerte das Eis, das er mir als Belohnung für mir fremde, unnormale Handlungen gab. Aber nichts half.

Ich verstand wirklich nicht, was mit mir geschah. Ich war nur ein Kind, das den sexuellen Wünschen eines Erwachsenen ausgesetzt war. Mein Vater hatte ein Verhaltensmuster mit mir entwickelt, das mir jetzt als »Inzest« bekannt ist. Weil ich ein Kind war, hatte ich nicht die körperlichen, geistigen und psychischen Abwehrmittel eines Erwachsenen. Weil ich Angst vor ihm hatte, konnte ich niemandem davon erzählen.

Der Gehorsam gegenüber meinen Eltern war mir seit meiner frühesten Kindheit eingeschärft worden. Ich sollte sie lieben und ehren. Gleichzeitig hatte man mir beigebracht, nicht zu lügen, doch ich war durch Einschüchterungen gezwungen worden zu lügen, um das Geheimnis meines Vaters nicht zu verraten. Es war alles so verwirrend für mich, viel zu unverständlich, als daß ich es allein richtig hätte einordnen können.

Natürlich fragte ich meinen Vater, warum er mich zwang, Dinge mit ihm zu tun, die ich haßte. Er erwiderte, daß er mir etwas beibringe, und daß »es so richtig sei.« Er bestand darauf, daß ich ihn nicht weiter fragte. Ich sollte ihm gehorchen und vertrauen. Er würde das tun, was für mich das Beste sei.

Aber es fiel mir sehr schwer, meinem Vater zu glauben. Ich erhielt so viele widersprüchliche Botschaften, die zu zwiespältigen Gefühlen führten. Ich sollte es genießen, aber das tat ich nicht. Es sollte in Ordnung sein, aber ich mußte es geheim halten. Es ergab keinen Sinn. Niemand in der Schule sprach je über so etwas. Wenn es so »normal« war, warum sprach dann meine Mutter nicht darüber?

Manchmal siegte die Neugier über meine Angst. Dann suchte ich Adoptionspapiere, da ich glaubte, ich könne nicht das Kind dieser Eltern sein, wenn mir so etwas passierte. Ich durchwühlte das Haus nach Beweisen und fand Materialien und Bücher, die meine Angst und Schuldgefühle nur noch verstärkten.

Erleichterung brachte mir das Jahr, in dem mein jüngerer Bruder geboren wurde. Meine Großmutter kam zu Besuch, und ich bettelte, mit zu ihr fahren zu dürfen. Es versprach, ein glückliches Jahr zu werden. Ich genoß es auch, mit meinem neugeborenen Cousin zusammen zu sein und die liebevolle Fürsorge meiner Großmutter und meiner Tanten zu erfahren. Aber die Freude währte nur kurz. Ein anderer Verwandter kam zu Besuch, und er erwartete von mir das gleiche wie mein Vater. Bald konnte ich es kaum mehr ertragen, in der Nähe eines männlichen Verwandten zu sein. Das verschlimmerte sich noch, als ich zufällig die

Badezimmertür öffnete und mein Onkel sich vor mir entblößte. Als ich im darauffolgenden Jahr nach Hause zurückkehrte, fing mein Vater wieder an, mich zu mißbrauchen – im Zimmer, das ich mit meinem kleinen Bruder teilte, der wahrscheinlich zusah.

Es gab Zeiten, zu denen ich an den Bestechungen meines Vaters nicht vorüber kam. Zum Beispiel am Morgen meines elften Geburtstages: Mühsam hatte ich meine Mutter schließlich zu einer Geburtstagsfeier überredet. Ich hatte jahrelang keine mehr gefeiert. Sie sagte, ich solle alles aufräumen und vorbereiten, bevor meine Gäste kämen, und sie würde rechtzeitig zu meiner Geburtstagsparty zu Hause sein. Sie ahnte ja nicht, daß mein Vater mich erst die Geburtstagsfeier vorbereiten lassen würde, wenn ich ihm ein »Geschenk« dafür gäbe. Ein anderes Mal brachte er meiner Mutter und mir ein Geschenk mit. Ich wollte es nicht annehmen, da ich wußte, was es bedeutete, aber Mutter bestand darauf, daß ich für das Geschenk dankbar sein solle.

Aber mein Vater war fähig, Gewalt genauso wie Geschenke einzusetzen, um mich ihm gefügig zu machen. Ich sah oft, wie er meine Brüder körperlich mißhandelte. Ich kannte den Abdruck seiner Hand auf meinem Gesicht. Als ich einmal sogar Zeuge wurde, wie er Mutter schlug, zerbrach etwas in mir. Es erübrigt sich zu erwähnen, daß ich vor meinem Vater und seiner Unbeherrschtheit Angst hatte. Wenn mein Vater sagte: »Ich ziehe dir bei lebendigem Leibe die Haut ab,« was er sehr oft äußerte, war ich sicher, daß er das so meinte. Ich malte mir aus, wie das wäre. Die Wirkung dieser Vorstellungen war emotionaler Sprengstoff. Ich war zu Tode verängstigt bei dem Gedanken, daß mir oder den Menschen, die ich liebte, etwas zustoßen würde.

Dann sagte mir eines Tages ein Junge, er wisse, was mein Vater mit mir mache. Damit erpreßte mich der Junge, er würde meinem Vater erzählen, daß er es wisse – wenn ich ihn nicht dasselbe tun ließe. Er sagte, niemand würde es erfahren, vor allem nicht mein Vater. Ich wollte nicht nachgeben, tat es aber trotzdem. Mir gefiel es nicht, und ich wußte, daß es falsch war, aber ich fühlte mich machtlos.

Eines führte zum nächsten, und bald wurden ungewollte Handlungen zu Gewohnheiten, zu Verhaltensmustern. Es war, als ob alle Jungen in der Nachbarschaft es wüßten und dieselben sexuellen Privilegien erwarteten. Was ich zunächst nur getan hatte, um mich vor dem Zorn meines Vaters zu retten, raubte mir bald jedes Gefühl der Sicherheit, das ich vielleicht noch gehabt hatte. Gleichzeitig hatte ich, obwohl mir meine Beziehungen zu diesen Jungen nicht gefielen, das Gefühl, von ihnen akzeptiert zu werden. Aber zu welchem Preis!

Eines Tages beschlossen die Jungen, mich auf der Toilette eines nahegelegenen Parks zu mißbrauchen. Es war schrecklich, ausgestreckt auf dem kalten, schmutzigen Boden zu liegen und immer wieder mißbraucht zu werden. Schließlich kam der Vater eines der Jungen, der seinen Sohn gesucht hatte. Wie lebhaft erinnere ich mich an das doppelte Schuldgefühl, das ich damals empfand: Schuldgefühle, weil ich ihm sagte, daß nichts geschehen sei, und Schuldgefühle, weil ich wußte, was geschehen war.

Ich kam nie auf den Gedanken, meiner Mutter oder irgendeinem anderen Menschen von den Vergewaltigungen und meinen Schmerzen zu erzählen. Deshalb stand ich große Angst aus, als ich zweimal glaubte, meine Mutter habe es herausgefunden!

Das erste Mal war, als ich meine erste Menstruationsblutung bekam. Meine Eltern stellten mich gemeinsam wegen der blutbefleckten Kleidung, die meine Mutter gefunden hatte, zur Rede. Mutter war neugierig geworden, weil meine Unterwäsche allmählich verschwand. Sie hat nie erfahren, wie lang ich sie versteckt gehalten hatte. In gewisser Hinsicht war diese Entdeckung sogar eine Erleichterung für mich, da ich jetzt die Ursachen für die Blutungen erfuhr. Obwohl ich gerade aufgeklärt worden war, hatte ich angenommen, daß diese Blutungen die Folge meines Geschlechtsverkehres mit meinem Vater waren, vielleicht sogar eine Strafe Gottes. Ich unternahm keinen Versuch, meiner Mutter die Wahrheit zu sagen. Wie hätte ich das in der Anwesenheit meines zornigen Vaters je über die Lippen bringen sollen? Es gab einfach keine Möglichkeit, es zu erklären.

Das andere Mal war kurz nach diesem Vorfall, als meine Mutter mit mir zu einer Frauenärztin ging. Ich hatte nie vorher solch eine gründliche Untersuchung über mich ergehen lassen. Es fiel mir so schwer, die Fragen der Ärztin zu beantworten, vor allem, als sie mich fragte, ob ich je geblutet hätte. Ich log und war mir voller Angst bewußt, daß sie mein Geheimnis durchschaut hatte. Würde sie es meiner Mutter verraten? Mir drehte sich der Magen um, als ich mir nur ausmalte, was auf mich zukommen könnte. Aber nichts geschah; ich weiß nicht warum.

Nach der Enthüllung

Doch nun, mit dreizehn Jahren, hatte ich das Geheimnis selbst verraten! Es blieb mir jetzt nichts anderes übrig, als die Konsequenzen zu tragen. Mutter reagierte mit Entsetzen, schaffte es aber, das Richtige zu tun. Am wichtigsten war, daß sie mir glaubte. Und dann handelte sie.

Ich fragte mich, was als nächstes passieren würde. Selbstverständlich stand es am nächsten Tag in der Zeitung. Es war zwar nur ein kurzer Artikel, aber ich war mir sicher, daß jeder von meinem Geheimnis las. Was würden sie denken?

Anscheinend halfen einige Freunde aus der Gemeinde meiner Mutter, aber den Klatsch in der Kirche und in der Stadt zu hören, war so schmerzlich. Ich kann mich an ein

Gemeindepicknick erinnern, zu dem ich mit meiner Mutter ging und bei dem ich nur nahe bei ihr bleiben wollte. Sie war alles, was ich hatte, und ich brauchte sie. Aber sie wollte mit ihren Freunden allein sprechen und schickte mich weg. Ich verstand nicht, daß es für sie auch wichtig war, mit ihren Freunden zu sprechen. Ich wollte nicht von ihrer Seite weichen, weil ich Angst hatte. Ich hatte das Gefühl, als trage ich ein großes Schild um den Hals mit der Aufschrift: »Schmutzig, häßlich, böse, schuldig – Abstand halten!«

Es gab so viele unerwünschte Telefonanrufe und Belästigungen. Andere in der Gemeinde gingen uns aus dem Weg. Ich rief die einzige Freundin an, die ich hatte, um sie zu fragen, ob ich sie besuchen könne. Sie verstand nicht, was geschehen war, auch nachdem sie die Zeitung gelesen hatte. Aber ihre Eltern. Selbst als ich neben ihr am Straßenrand saß und mit ihr sprach, fühlte ich mich ganz allein, ohne Freunde.

Im Laufe der Jahre hatte ich mich zu meinem eigenen Schutz sozial isoliert. Nachdem bekannt geworden war, daß ich sexuell mißbraucht worden war, würde mich sicher niemand mehr mögen, dachte ich. Was noch schlimmer war: Ich war davon überzeugt, daß ich nach allem, was ich getan hatte, keine Freunde verdiente.

Die Tage und Wochen, die meiner Enthüllung folgten, kamen mir so lang vor, und doch kann ich sie in meiner Erinnerung nicht auseinander halten. Ich geriet in Panik, als mein Vater gegen Kaution freigelassen wurde. Bei seinem Jähzorn mußte die Rache folgen. Er war ein Mann, der Wort hielt.

An dem Abend, an dem er freigelassen wurde, ging Mutter zur Gemeinde; sie versuchte, alles »normal laufen zu lassen«. Ich blieb bei einer Freundin zu Hause. Als ich ein Geräusch hörte, das entweder vom Auspuff eines vorbeifahrenden Autos kam oder ein Schuß war, wuchs meine Angst ins Unermeßliche. Selbst nachdem an diesem Abend nichts geschah, wurde meine Sehnsucht nach Sicherheit nicht gestillt. Ich fühlte mich nie *wirklich* sicher.

Einige Tage später unterbrach die Schulkrankenschwester meinen dritten Schultag in der achten Klasse. Sehr behutsam begleitete sie mich zu einem Haus in der Nähe meines Zuhauses. Von dort wurde ich von einem Polizeiwagen in ein Jugendheim gebracht. Ich konnte nicht einmal meine eigenen Kleider tragen. Ich mußte warten, bis eine ältere »Insassin« die gespendeten Kleider durchwühlt hatte und etwas fand, von dem sie meinte, daß es mir paßte. Die Anstaltskleidung, körperliche Untersuchungen und verschlossene Türen bestärkten mein Gefühl, eine Kriminelle zu sein. Ich fühlte mich so schmutzig! Und meine Angst vor dem Gefängnis war berechtigt gewesen!

Obwohl es dazu dienen sollte, mich vor weiterem Mißbrauch zu schützen, empfand ich meinen Aufenthalt im Heim als Bestrafung. Ich mußte Befehlen gehorchen und so denken und mich so verhalten wie die anderen, selbst wenn die Regeln dem widersprach, was ich glaubte. Ich war gezwungen, mich dem Tagesablauf und den Werten anderer anzugleichen, genauso wie mein Vater mich gezwungen hatte, das zu tun, was ich nicht wollte. Jede Abweichung von der Konformität oder jeder Ausdruck eines Gefühles, selbst Langeweile oder Depression hatte so etwas wie Einzelhaft zur Folge. (Heute kann ich verstehen, daß mir alles weggenommen wurde und die Betreuer mich ständig bewachten, weil sie sicher gehen wollten, daß ich mir nicht aus Verzweiflung oder Mutlosigkeit selbst etwas antat.)

Ich hörte von den Betreuern Bemerkungen wie: »Die Gerichte glauben nicht kleinen Mädchen, sie glauben Erwachsenen.« Meine Situation schien hoffnungslos.

Während dieser Zeit mußte ich mich vielen psychologischen Tests unterziehen, bekam aber keine Seelsorge oder Psychotherapie. (Was wollten sie mit diesen dummen Tintenklecksen eigentlich herausfinden?)

Ich beschloß, mich selbst nach einem Seelsorger umzusehen. Ich versuchte, mit dem Pfarrer zu sprechen, der für dieses Heim zuständig war, fand aber keinen Trost und keine Erleichterung. Ich fühlte mich von Gott so weit entfernt. Ich war sicher, daß ich in Gottes Augen ein geistlicher Versager war.

Dann kam die Gerichtsverhandlung. Niederschmetternd! Anders kann ich sie nicht beschreiben. Weil ich bei Gericht Anstaltskleidung tragen mußte, hoffte ich die ganze Zeit, daß mich niemand erkennen würde. Unglücklicherweise war der erste Richter aus meiner Stadt. Aber selbst wenn es nicht so gewesen wäre, wäre ich argwöhnisch geblieben. So viele Menschen besuchten die Gerichtsverhandlungen.

Danach mußte ich zu mehreren Gerichten, immer mit Begleitschutz. Ich fühlte mich bedrängt von diesen Männern, die mir Fragen stellten. Sie wollten alle konkrete Einzelheiten wissen. Ich wußte nie, wer auf meiner Seite stand, falls es überhaupt jemanden gab. Wie konnte ich mit einem einfachen Ja oder Nein auf ihre Fragen antworten, wenn sie Ausdrücke und Worte benutzten, die mir völlig fremd waren?

Mein Vater hatte mich so viele Jahre lang so oft mißbraucht – wie sollte ich mich an das genaue Datum, die Uhrzeit und die Dauer eines einzelnen Mißbrauchs erinnern, was anscheinend nötig war, um ein Urteil zu begründen? Wie konnte ich mich an mindestens zehn Jahre sexuellen Mißbrauchs erinnern, wo ich doch versucht hatte, meine Gefühle und Gedanken abzutöten, um dem Schamgefühl und den Schmerzen zu entgehen? Ich hatte keine klare Vorstellung von Zeit und Ereignissen. Alles, was ich wußte, war, was mein Vater mir gesagt hatte. Alles, was ich hatte, war die Sicht eines Kindes von einer übermächtigen Beziehung zu seinem Vater. Es wurde mir immer klarer, daß *ich* die einzige war, die Schwierigkeiten machte, und daß die Strafe schon begonnen hatte.

Mein Vater kam mit einer kurzen Haftstrafe davon. (Trotzdem drohte er, mich umzubringen, als er den Gerichtssaal verließ.) Ich glaube nicht, daß ich so leicht wie er davonkam. Ich ging aus den Verhören und Verhandlungen heraus und fühlte mich noch ungeliebter, noch weniger liebenswert, noch schuldiger. Da ich meine Mutter nicht noch mehr verletzen wollte, beschloß ich, mich von ihr fernzuhalten. Ich bat deshalb, als sich die Gelegenheit ergab, bei einer Pflegefamilie wohnen zu dürfen – eine selbst auferlegte Strafe. Ich konnte mir nicht vorstellen, daß meine Mutter mich noch liebte, nachdem ich ihre Familie zerstört und ihren Mann ins Gefängnis gebracht hatte.

Meine Mutter suchte eine Pflegefamilie aus, und die Behörden stimmten zu. »Gramma« (meine Pflegemutter) hatte sich schon um mich gekümmert, als ich noch ein Baby gewesen war. Sie und ihre Familie boten mir die liebevolle Atmosphäre, die ich in den nächsten Monaten so dringend benötigte.

Ich hatte das Gefühl, wieder neu anzufangen – bis eine Beamtin vom Jugendamt mich eines Tages in der Schule besuchte. Wie ich mich schämte! Ich war sicher, jeder wisse von meiner Vergangenheit, und ich hatte so sorgfältig darauf geachtet, sie geheim zu halten. Es war so schwer, meinen neu gefundenen Freunden diesen Besuch zu erklären.

Die Frau vom Jugendamt hatte mir ein Geschenk mitgebracht. Ich freute mich über Geschenke, aber über dieses nicht. Es war ein Pullover, Größe vierzig, völlig unpassend für eine unterentwickelte, fünfzig Kilogramm schwere Dreizehnjährige. Es tat weh, ein Geschenk zu bekommen, das einmal mehr unter Beweis stellte, daß niemand mich oder meine Bedürfnisse richtig kannte. Die Beamtin kam nur noch ein einziges Mal, und ich hatte keine Möglichkeit, Kontakt zu ihr aufzunehmen, selbst wenn ich ihn gebraucht oder gewollt hätte.

Nachdem ich neun Monate von meiner Mutter getrennt gelebt hatte, zog ich wieder zu ihr. Inzwischen waren meine Eltern geschieden. Ich hatte mir geschworen, meiner Mutter gegenüber alles nachzuholen und mit ihr über alles zu sprechen. Ich erinnere mich, wie ich in jener ersten Nacht an ihr Bett trat und Kontakt suchte. Sie ging nicht darauf ein. Nichts war nicht so, wie ich es erhofft hatte.

Ich kam in die Oberstufe, aber nur um mir von meinen Mitschülern wieder Vorwürfe anzuhören. Sie hatten die Geschichte nicht vergessen. In gewisser Weise hatte meine Abwesenheit die Gerüchteküche sogar noch mehr angeheizt. Ich traute meinen Ohren nicht, als mir jemand endlich verriet, was alle dachten: Ich sei weggefahren, um ein Kind auf die Welt zu bringen! Zu wissen, daß es nicht stimmte, gab mir keinen Frieden; ich wollte, daß man mir glaubte. Die Situation war schlimmer als meine wildesten Befürchtungen.

Die Pubertät stellt den Heranwachsenden vor die Aufgabe, Werte kritisch zu betrachten und eigene Maßstäbe zu finden. Meine Lebenssituation führte zu unausgewogenen, ungesunden Ergebnissen. Die soziale Ablehnung verringerte meine ohnehin schlechte Fähigkeit, Kontakte zu knüpfen, und erhöhte meine Schuldgefühle und meinen Selbstschutz. Ich isolierte mich noch mehr von meinen Altersgenossen und schob die Schuld für meine ganzen Probleme auf sie. Dabei sehnte ich mich nach Freunden und einem Platz in einer Gruppe. Ich brauchte dringend Anerkennung durch Gleichaltrige.

Ich verabredete mich mit Jungen aus anderen Städten, die nichts über meine Vergangenheit erfahren sollten. Ich wollte eine enge Beziehung, ich wollte geliebt werden, aber ich kannte nur Beziehungen in sexuellem Sinne. Ich lehnte ältere Freunde, die nur Sex wollten, ab, versuchte aber, bei jüngeren Männern, die ich wirklich mochte, sexuelle Nähe zu finden. Ich hätte alles getan, um von ihnen akzeptiert zu werden. Heute danke ich Gott dafür, daß er Männer mit festen moralischen Vorstellungen in mein Leben gestellt hat, die auf mein verführerisches Verhalten nicht eingingen.

Ich meinte, gute Schulnoten würden mir helfen, Anerkennung zu finden, und arbeitete mich in allen Fächern außer Sport auf Einsen vor. Meine ganzen Bemühungen führten zu nichts, nicht einmal bei meiner Mutter. So versuchte ich, schlechte Noten zu bekommen, um bei einer anderen Gruppe von Gleichaltrigen akzeptiert zu werden. Das funktionierte auch nicht. Ich hinderte mich nur selbst daran, einen zu mir passenden Arbeitsstil zu entwickeln. Oberflächlich sah es so aus, als ob ich mich bemühte, aber ich fühlte mich nie wert, etwas zu erreichen.

Moral und Wertentscheidungen waren mir sehr wichtig. Ich verbrachte viel Zeit in Gemeindejugendgruppen, Bibelkreisen und mit anderen Gemeindeaktivitäten. Doch trotz all meiner religiösen Aktivitäten fühlte ich mich innerlich unmoralisch.

Ich hatte Schuldgefühle, weil ich meinem Vater gegenüber ungehorsam gewesen war und ihn verraten hatte, besonders vor Gericht. Aber ich hatte die Wahrheit gesagt. Als mein Vater mir eine Geburtstagskarte mit einem Vers, daß Kinder ihren Eltern gehorchen sollten, schickte, fühlte ich mich noch schuldiger. War ich wirklich im Unrecht?

Ich war mir sicher, daß auch Gott zornig auf mich war! Ich übertrieb die Aussage jeder Bibelstelle, jeder Predigt, jeder Bibelstunde. Jedes Mal, wenn ich etwas über Reinheit hörte, kam ich mir wie ein einziger Versager vor und war verzweifelt. Meine Vorstellung von Gott, besonders als liebendem Vater, wurde durch meine Erfahrungen mit meinem menschlichen Vater verzerrt. Würde Gott je mit mir zufrieden sein? Könnte ich je auf Dauer Vergebung und Frieden finden? Häufig folgte ich Aufrufen, zum Altar zu kommen und mein Leben Jesus Christus neu zu übergeben.

Ich fragte mich wirklich, ob ich die Sünde zum Tode begangen hätte und für ewig verurteilt wäre. Mein Ziel war nun, Gott und den Menschen durch Vollkommenheit und Selbstaufopferung zu gefallen.

Arbeit war etwas, in das ich mich leicht vergraben konnte, seit der frühen Pubertät. Ich kann nicht leugnen, daß ich gern arbeitete und es immer noch tue. In der Welt der Erwachsenen fühlte ich mich wohler. Und ich freute mich, daß ich Geld verdienen konnte. Ich meinte, mit Geld könnte ich mir fast jede Beziehung erkaufen, die ich wollte. Zwar verpaßte ich die Feste und Freizeitunternehmungen meiner Altersgenossen, aber es war so viel leichter, meiner Einsamkeit und Angst, lächerlich gemacht zu werden, durch Arbeit einfach zu entfliehen. Ich konnte meine Arbeit als Ausrede benutzen, wenn ich von Festen fernblieb, bei denen ich fürchtete, daß ich mich dort nicht wohlfühlen würde. Mit achtzehn, neunzehn Jahren betrat ich die Welt der Krankenpflege, um damit Gott zu dienen und um Beziehungen zu entfliehen, eine Art Selbstbestrafung. Die Krankenpflege bedeutete eine Herausforderung für mich, aber es standen ungute Motive hinter diesem Berufswunsch – ich konnte es nicht ertragen zu versagen!

Es war für mich schwer zu erkennen, wie der sexuelle Mißbrauch jeden Bereich meines Lebens durchdrungen hatte. Solange ich der Erinnerung daran entfliehen konnte, schien alles machbar. Solange nichts meine Verdrängungsmechanismen – Arbeiten und Dienst für Gott – angriff, führte ich ein Leben, das andere ein normales christliches Leben nennen würden. Aber in Wirklichkeit war körperlich, emotional, sozial, geistlich alles aus den Fugen geraten. Es wurde mir mit jedem neuen Tag, jeder neuen Woche, jedem Monat und Jahr schwerer zu versuchen, ein Gleichgewicht aufrecht zu erhalten. Der Druck forderte seinen Tribut.

Als Teil der »Gleichgewichtsübung« bemühte ich mich ständig, meine Vergangenheit vor allen geheim zu halten.

»Vielleicht, aber nur vielleicht habe ich eine Chance, um meiner selbst willen akzeptiert zu werden, wenn niemand meine Vergangenheit kennt.« Mein Denken wurde von innerer Angst genährt. Manchmal war es, als explodierte eine Zeitbombe, die in mir getickt hatte. Meine eigenen Aktivitäten lieferten mich ans Messer. In solchen Fällen benutzte ich meine Geschichte, daß ich in meiner Kindheit sexuell mißbraucht worden war, um mein Verhalten zu entschuldigen und um der Mißbilligung durch andere zu entgehen. Jetzt wollte ich Mitleid. Es war, als ob ich ständig laufen müßte, um einer bekannten oder unbekannten Gefahr zu entgehen, die wieder eine Bombe in mir zum Detonieren bringen und meine ganze Welt erschüttern könnte.

Flucht in die Mission

Mein Davonlaufen und Suchen war mit häufigen Veränderungen verbunden, auch beruflichen Veränderungen. Als kleines Mädchen war ich von Missionsberichten so bewegt gewesen, daß ich von dem Tag träumte, an dem ich Missionarin werden würde. Dann fiel mir immer mein Geheimnis ein und ich dachte: »Ich bin schmutzig. Gott wird mich sicher nicht als Missionarin haben wollen.« Aber ich sehnte mich danach, Gott zu dienen und ihm zu gefallen! Missionarin im Ausland zu werden, erschien mir das Höchste, das eine Christin im Leben erreichen kann.

Diese Träume führten mich in die Bibelschule, zu kurzfristigen missionarischen Einsätzen, dazu, als Krankenschwester in einem sozialen Brennpunkt und bei einer amerikanischen Frauenorganisation zu arbeiten. Ich dachte, wenn ich meine Arbeit gut machte, würde Gott nach allen diesen Jahren sicher nachsichtig mit mir sein, wenn er meine Vergangenheit betrachtete.

Das Leben als hauptamtliche Missionarin brachte viele

Vorteile. Es gab mir Gelegenheit, in neue Aufgabenbereiche hineinzuwachsen, Fähigkeiten zu entwickeln und viele Menschen und Familien kennenzulernen, die eine großartige Beziehung zueinander und zu Gott zu haben schienen. Ich war gerne Missionarin, doch gleichzeitig gab es auch Zeiten, in denen ich zweifelte. Was mich betraf, gab ich viel mehr, als meine Pflicht gewesen wäre. Viele Menschen respektierten mich und wandten sich an mich, wenn sie in geistlichen Fragen Rat suchten. Es fiel mir leicht, von Jesus Christus als Retter zu erzählen, ohne je an der Wahrheit dessen zu zweifeln, was ich sagte. Aber tief in mir dachte ich oft, daß mein Leben eine Farce sei, daß das Evangelium für andere Menschen bestimmt sei, aber nicht für mich.

Meine inneren Kämpfe äußerten sich in Perfektionismus, Autoritätsproblemen mit meinen Vorgesetzten und Schroffheit in Beziehungen zu Gleichaltrigen. Trotz der vielen Kämpfe (oder gerade durch sie) lehrte mich Gott, was ein ausgeglichenes Leben ist und wie ein gesundes Familienleben aussehen kann. Dankbar kann ich heute sagen, daß Gott mein Leben immer noch benutzen konnte, so zerbrochen es auch war.

In mir wuchs der Glaube, daß Kämpfe im Leben normal seien, besonders für einen Christen, und daß ich lieber nicht darüber reden sollte, um nicht junge Christen und Nichtchristen vom Reich Gottes abzuhalten. Aber der innere Druck wurde mir zu groß. Obwohl ich viel lieber den bekannten Kampf als eine unbekannte Zukunft auf mich genommen hätte, glaubte ich allmählich, mein Leben gefährde das der anderen. Ich erkannte, daß ich den Missionsdienst verlassen müßte. Meine neue Sorge war: »Ich habe so lange nicht mehr in meinem Pflegeberuf gearbeitet, wer wird mich noch einstellen?« Tagelang überlegte ich ernsthaft, wie ich meinem Leben am erfolgreichsten ein Ende setzen könnte, aber ich wollte die Menschen, die ich liebte und um die ich mich sorgte, nicht verletzen.

Zeit für eine neue Veränderung

Obwohl ich mich wie ein Versager fühlte, weil ich den Missionsdienst verlassen hatte, erfüllte mich auch eine frohe Erwartung, weil Gott vielleicht etwas anderes für mich im Sinn hatte, neue Lektionen, die ich lernen sollte. Weil ich nun nicht wieder als Krankenschwester arbeiten wollte, hielt ich es für nötig, an die Schule zurückzugehen und etwas Neues zu lernen. Meine ursprüngliche Entscheidung, Krankenschwester zu werden, war offensichtlich auf der Angst begründet gewesen, ich müßte es mir bei Gott und anderen Menschen verdienen, angenommen zu werden. Ich wollte nicht länger von Angst getrieben handeln. Und so stieg ich aus diesem Beruf aus, um einen neuen zu lernen.

Ich sah mir drei Colleges an, bewarb mich für jedes und wartete, ob ich von einem angenommen würde. Meinen ersten Besuch an dem College, für das ich mich schließlich entschied, werde ich nie vergessen. Ich saß in meinem Auto und weinte ungefähr eine halbe Stunde lang, weil ich zu befangen war, um die Mensa zu betreten. Aber sobald ich einmal den ersten Schritt gegangen war, wußte ich, daß Gott etwas Besonderes mit mir vorhatte, und ich konnte weitergehen. Dieses Gefühl bestätigte sich noch, als ich von allen drei Schulen Zusagen erhielt. Ich studierte mit Erfolg Psychologie.

Das war vor mehreren Jahren, über dreißig Jahre, nachdem ich zum ersten Mal darüber gesprochen hatte, daß ich sexuell mißbraucht worden war. Diese letzten Jahre waren Gottes Zeit für eine tiefe innere Heilung in meinem Leben. Es war auch eine Zeit, in der ich Fähigkeiten erwarb, die ich einzuüben mich während der Zeit des Erwachsenwerdens geweigert hatte.

Das bedeutet nicht, daß Gott nicht schon längst begonnen hätte, mich zu heilen. Er hielt mich davon ab, meinem Leben ein Ende zu setzen, besonders in der Zeit meiner tiefen Niedergeschlagenheit und Depression. Er half mir, nicht verrückt zu werden. Aber in der Vergangenheit hatte ich Gott nur erlaubt, die oberflächlichen Wunden zu berühren, weil ich nicht bereit war, mich zu sehr mit meiner schmerzlichen Vergangenheit auseinanderzusetzen oder Gott daran zu erinnern (als wenn er daran erinnert werden müßte). Aber als ich bereit war, die Wunden zu zeigen, Gott die Häßlichkeit der Vergangenheit zu übergeben und den Menschen, die an mir schuldig geworden waren, zu vergeben, traten große Veränderungen ein. Obwohl mich dieser Prozeß durch fast unerträgliche Schmerzen führte, konnte Gott die tiefe Heilung, die ich benötigte, vollbringen.

Zum ersten Mal wurde mir klar, daß ich das *Opfer* meines sexuellen Mißbrauches gewesen war. Das Verbrechen war gegen mich gerichtet gewesen! Nicht *ich* war verantwortlich oder schuldig! Das rückte die Bedeutung von Gottes Vergebung in den Blick. Mein ständiges Bitten, daß Gott mir vergeben möge, war überflüssig gewesen, denn *ich hatte keine Vergebung nötig.* Satan hatte mir eine falsche Schuld eingeredet.

Als ich meine Rolle als Opfer verstehen konnte, war ich in der Lage, Gott für das zu danken, was er mich über sich lehren wollte.

Eines Abends, als ich auf meinem Bett saß und betete, brachen aus den hintersten Winkeln meines Lebens die ganze Wut, die Schmerzen und der Haß, die ich jahrelang geleugnet oder verborgen gehalten hatte, hervor. Als ich den Menschen, die mich mißbraucht hatten, vergeben konnte, erkannte ich zum ersten Mal eine neue Dimension von Gottes Gnade, Frieden, Barmherzigkeit, Freundlichkeit und Vergebung. Welch ein herrlicher Ersatz für meine ganze Wut, meinen Zweifel, meine Ungeduld, meinen Perfektionismus, die Selbstanklagen und meinen Richtgeist. Ich mußte nicht länger Sklave meines Mißbrauches sein! Welch eine Befreiung!

Die Verhaltensmuster, die sich über vierzig Jahre lang körperlich, emotional, geistig und geistlich in mein Leben eingeprägt hatten, verschwanden nicht wie durch Zauberhand . Aber ich habe nicht mehr das Gefühl, daß der sexuelle Mißbrauch wie ein Krebsgeschwür an meinem ganzen Leben nagt. Das Leben erscheint mir so frisch und sinnvoll! Ich wurde mißbraucht, aber nie fallen gelassen!

Das Ende der Geheimhaltung

Meine Geschichte ist wahr. Ich habe beschlossen, nicht anonym zu bleiben, denn Sie müssen wissen, wer ich bin und wie gewöhnlich meine Geschichte ist. Ich wünschte, ich *könnte* Ihnen sagen, daß meine Geschichte ungewöhnlich ist. Ich vermute, nur in einer Hinsicht ist sie es: Sie ist kein Geheimnis mehr! Tausende von Männern, Frauen, Jungen und Mädchen aus allen Lebensbereichen könnten Ihnen eine ähnliche Geschichte erzählen, von denen einige noch sehr viel schmerzlicher und grausamer sind.

Ich kann die Trauer der Leser verstehen, die eine ähnliche Geschichte durchlebt haben. Sie fürchten sich vielleicht, Ihr Geheimnis preiszugeben. Sie erleben vielleicht den Schmerz von Schuldgefühlen, geringer Selbstachtung, Verwirrung von geistlichen Vorstellungen und Vertrauensverlust. Es erscheint Ihnen vielleicht leichter, in Ihren selbstzerstörerischen Verhaltensweisen fortzufahren, als die Arbeit, die die Heilung kostet, auf sich zu nehmen. Ich habe dieses Buch geschrieben, um Ihnen zu versichern: Es gibt Hoffnung!

Am Ende des Buches habe ich ein besonderes Kapitel mit Fragen angeschlossen, die Opfern von sexuellem Mißbrauch helfen sollen, sich mit diesem Buch und dem Mißbrauch in ihrem eigenen Leben auseinanderzusetzen. Es folgt auch ein Abschnitt mit Literaturhinweisen, damit Sie weitere Bücher finden, die Ihnen helfen können, sich mit den Schlüsselfragen Ihres eigenen Lebens auseinanderzusetzen.

Einige meiner Leser empfinden vielleicht Zorn im Blick auf die Menschen, die in meine Geschichte verwickelt sind. Zorn ist eine normale Reaktion auf Mißbrauch. Einige Leser sind vielleicht verärgert darüber, daß ich meine Geschichte »wieder aufgewärmt« habe und sie nicht einfach vergesse, obwohl ich behaupte, vergeben zu haben. Ich kenne andere, die aus genau dem gegenteiligen Grund wütend auf mich waren – weil ich meinem Vater vergeben habe, obwohl Gott die Sünde haßt. Die Polizei, das Rechtsprechungssystem, Behörden oder meine Mutter können andere Zielscheiben ihrer Wut sein.

Ja, es ist zum Verrücktwerden, daß eine solche Geschichte wahr ist. Es ist zum Verrücktwerden, daß ein Teil meines Lebens davon geprägt worden ist, daß ich sexuellem Mißbrauch zum Opfer gefallen bin. Aber ein weitaus stärkeres Gefühl befällt mich, wenn ich an die anderen in meiner Geschichte denke, die nie Hilfe erfahren haben, die vielleicht immer noch darunter leiden. Oder noch schlimmer, die vielleicht immer noch andere mißbrauchen. Auch sie benötigen Hoffnung und Hilfe.

Zorn ist nicht nur eine normale Reaktion, sondern auch ein produktives Gefühl, wenn er so eingesetzt wird, wie Gott es will- als Auftrieb für gottgewirktes Handeln. Wenn Sie dieses Buch weiterlesen, gewinnen Sie hoffentlich ein größeres Verständnis für das »Warum« hinter dem Mißbrauch und setzen Ihren Zorn in positives Handeln um.

Zorn ist nicht das einzige Gefühl, das meine Geschichte hervorruft. Beim Lesen empfinden Sie vielleicht Schmerz, Trauer, Abscheu oder eine Reihe anderer Reaktionen. Aber ich habe meine Geschichte nicht nur erzählt, um Ihre Gefühle anzusprechen. Vielmehr will ich Ihre Aufmerksamkeit darauf richten, daß sexueller Mißbrauch selbst innerhalb der christlichen Gemeinde vorkommt. Wenn nicht richtig damit umgegangen wird, kann er einen Christen jahrelang verfolgen und lähmen.

Der erste Schritt, um Mißbrauch entgegenzutreten, besteht darin, daß man glaubt, daß dieser Mißbrauch geschieht. Eine einzige Geschichte ist vielleicht schwer zu glauben, geschweige denn die unpersönlichen Statistiken in diesem Buch. Aber die weit verbreitete Annahme, daß sexueller Mißbrauch gar nicht vorkommt, ist ein Hauptgrund dafür, daß er weiterhin geschehen kann. Diese Täuschung erlaubt es dem Täter, weiterhin andere zu mißbrauchen. Diese Täuschung stellt das Opfer als Lügner dar. Glücklicherweise machen die Medien und andere Einrichtungen der Gesellschaft das Leugnen dieses Problemes zunehmend schwerer. Wieviele Christen glauben noch, daß es sexuellen Mißbrauch gibt- aber nicht in ihrer Gemeinde. Dieser Unglaube ermöglicht es, daß der Mißbrauch unerkannt weiter um sich greift.

Wenn wir eingestehen, daß Mißbrauch existiert, ist sowohl für das Opfer als auch für den Täter Hoffnung und Hilfe möglich! Aber um das Problem richtig zu verstehen, müssen wir uns mit dem Thema des sexuellen Mißbrauchs tiefergehend auseinandersetzen. Wir müssen verstehen, worin er besteht, warum er geheimgehalten wird, wie er in unserer Gesellschaft entstehen kann und sich auswirkt, wie wir ihn erkennen und wie wir ein Teil der Lösung werden können. Ich hoffe, dieses Buch hilft Ihnen, zu verstehen und zu handeln.

2. Was ist sexueller Mißbrauch?

Die vierjährige Tanja wurde geschlagen und vergewaltigt, als sie eines Tages auf ihrem Nachhauseweg eine Abkürzung durch den Park nahm. Zwischen den einzelnen Schlägen erklärte ihr Angreifer, er tue das zu ihrem eigenen Besten. Er zwang sie zu sagen, daß sie damit einverstanden sei. Tanjas Augen waren von den Schlägen dick angeschwollen, als sie auf der Unfallstation ankam; sie wäre an Samenflüssigkeit beinahe erstickt. Ihre Chancen standen sehr schlecht, aber sie überlebte.

Dreißig Jahre später fiel ihr dieser Vorfall wieder ein – und damit ihre einzige Erinnerungen an ihre frühe Kindheit. Sie konnte sich sogar an den Mann erinnern, der sie vergewaltigt hatte, »eine tragende Säule der Stadt«, er war erst kürzlich gestorben. Als Tanja ihre Mutter über diesen Vorfall befragte, leugnete die Mutter, daß dies je geschehen sei. Aber Tanja wußte, daß dieser Nachmittag vor dreißig Jahren ihr Leben beeinflußt hatte. Sie würde noch viele weitere Jahre benötigen, um die Bedeutung ihrer Erfahrungen zu erfassen und deren Auswirkungen zu verstehen.

Tanja verbrachte viele schmerzvolle Stunden damit, mit ihrem sexuellen Mißbrauch fertigzuwerden. Weitaus häufiger jedoch geschieht sexueller Mißbrauch auf andere Weise – wenn ein scheinbar liebender Vater die Grenze zwischen väterlicher Zuneigung und unkontrollierter sexueller Aggression überschreitet. Durch die Unterschiede in der kulturellen, moralischen und ethischen Prägung verschwimmt die Grenze zwischen gesundem sexuellen Verhalten und sexuellem Mißbrauch.

Versuch einer Definition

Jeder Staat hat seine eigene gesetzliche Definition von Mißhandlung und Mißbrauch. Dabei wird im allgemeinen Kindesmißhandlung als eine nicht zufällige Verletzung oder ein nicht zufälliges verletzendes Verhalten einem Kind gegenüber beschrieben. Dazu gehören körperliche Verletzungen oder Mißhandlungen, Vernachlässigung, sexueller oder/und emotionaler Mißbrauch.[1]

Schwere Schläge, Verbrennungen, Knochenbrüche oder Bißwunden sind einige Beispiele für nicht zufällige Verletzungen eines Kindes, die als körperliche Mißhandlung betrachtet werden. Vernachlässigung bedeutet das Versäumnis, die Grundbedürfnisse des Kindes zu befriedigen: Essen, Kleidung, Wohnung und medizinische Versorgung. Das kann bedeuten, einem kranken Kind die verordnete Medizin oder im Winter warme Kleidung und Schuhe vorzuenthalten. Was in einem Land als Vernachlässigung gilt, wird in anderen Ländern vielleicht aufgrund religiöser oder gesellschaftlicher Überzeugung akzeptiert.

Emotionaler Mißbrauch ist viel schwerer zu entdecken oder zu definieren. Gemeint ist exzessives, aggressives oder unvernünftiges Verhalten der Eltern gegenüber dem Kind, das dieses überfordert. Dazu gehören extreme Herabsetzungen, verbale Angriffe oder Hänseleien. Aber wie steht es damit, wenn die emotionalen Bedürfnisse des Kindes ignoriert werden oder wenn ihm die verbale Kommunikation verweigert wird? Die feinen Formen emotionalen Mißbrauchs sind nicht leicht zu erkennen. Erst wenn eklatante Fälle auftreten, wie das Einsperren eines Kindes in einem Zimmer, wird gesetzlich eingegriffen. Was das für das Kind bedeutet, bleibt unglücklicherweise jahrelang verborgen.

Ist sexueller Mißbrauch ein kriminelles, soziales, psychologisches oder geistliches Problem? Seine Definition variiert je nach Standpunkt. Selbst Fachleute geraten bei solchen Entscheidungen in Schwierigkeiten. Die amerikanische Gesundheitsbehörde hat folgende Definition für den sexuellen Mißbrauch von Kindern übernommen:

Kontakte oder Handlungen zwischen einem Kind und einem Erwachsenen, bei denen das Kind zur sexuellen Stimulation des Täters oder einer anderen Person benutzt wird. Sexueller Mißbrauch kann auch von einer Person unter 18 Jahren verübt werden, wenn diese Person entweder wesentlich älter ist als das Opfer, oder wenn der Täter in einer Macht- oder Kontrollposition über einem anderen Kind steht.[2]

Solch eine Definition ist nur begrenzt leistungsfähig. Einige gesetzliche Definitionen begrenzen den kriminellen Mißbrauch auf Parteien, die für das Wohl des Kindes verantwortlich sind, manchmal sogar auf die unmittelbaren Familienmitglieder oder den Geliebten eines Vormundes. Aber wie steht es mit Nicht-Familienmitgliedern? Und wie wird *sexuelle* Stimulation definiert?

Wo liegt die Grenze zwischen Anschauen, Streicheln und Geschlechtsverkehr? Ist alles sexueller Mißbrauch? Und wie ist es mit verbalem sexuellen Mißbrauch, wie steht es damit, wenn man ein Kind zwingt, die Nacktheit eines anderen oder pornographische Bilder anzuschauen, oder wenn ein Kind bei Erwachsenen liegt, die gerade miteinander schlafen?

Jeder Staat muß notwendig sexuellen Mißbrauch in Einklang mit seinen Gesetzen zur Anzeigepflicht für mißbrauchte und vernachlässigte Kinder definieren. Öffentliche Stellen wie das Ministerium für Gesundheit und das Ministerium für Familie und Jugend können konkrete Informationen über Ihr Land geben. Diese Gesetze sind abhängig von verschiedenen Festlegungen, unter anderem vom Alter des Opfers oder des Täters, davon, was den Mißbrauch ausmacht, um welche Art des Mißbrauchs es sich handelt und wer die Pflicht hat, solchen Mißbrauch anzuzeigen.

In den meisten, aber nicht in allen amerikanischen Bundesstaaten sind inzwischen Pfarrer, Zahnärzte, Lehrer, Ärzte, Krankenpfleger und andere verpflichtet, den Verdacht auf Kindesmißhandlung und sexuellen Mißbrauch bei den entsprechenden Stellen zu melden. Allein schon aus diesem Grund, wenn nicht auch aus anderen Gründen, ist es wichtig, daß Menschen, die beruflich mit Kindern zu tun haben, die Gesetze zu Kindesmißhandlung und -mißbrauch kennen . . . bevor sie aufgefordert werden können, bei deren Durchsetzung mitzuhelfen.

Formen sexuellen Mißbrauchs

Es ist hilfreich, die verschiedenen Formen sexuellen Mißbrauchs einordnen zu können. Sexueller Mißbrauch wird oft in zwei Gruppen eingeteilt – mit Berührung und ohne Berührung. Zum Mißbrauch ohne Berühung gehören verbaler Mißbrauch, obszöne Telefonanrufe, Geschlechtsverkehr oder Pornographie von anderen mit ansehen zu müssen. Diese Formen des Mißbrauchs können mit den Formen des Mißbrauchs mit Berührung verknüpft sein oder zu ihnen führen, müssen aber nicht.

Auf den ersten Blick sieht verbaler Mißbrauch vielleicht harmlos aus. Aber für ein kleines Kind oder einen Heranwachsenden sind sexuelle Belästigungen sehr erniedrigend. Zwar ist die emotionale Auswirkung von verbalem Mißbrauch vorrangig, die Folgen können aber auch weitreichender sein, wenn sich nämlich das Kind gegen ein Wachstum und eine normale Entwicklung wehrt. Verbaler Mißbrauch kann auch zu unerwünschter sexueller Frühreife führen.

Die frühe Aufforderung zur Beschäftigung mit sexuellen Dingen kann auch zu frühen sexuellen Verhältnissen führen.

Obszöne Telefonanrufe werden zum Beispiel an sich als harmlos betrachtet, da sie oft geisteskranken Menschen zugeschrieben werden oder Jugendlichen, die einfach »eine bestimmte Phase durchmachen«. Jemand, der mit solchen Anrufen belästigt wird, bekommt den Rat: »Pfeifen Sie ihm laut ins Ohr« oder »Legen Sie einfach auf, dann werden die Anrufe schon aufhören.« Aber für Kinder können diese Anrufe furchterregend sein. Wenn es über diese Anrufe nicht mit Eltern sprechen kann, die es ernst nehmen und sich mit den Fragen und Reaktionen des Kindes auseinandersetzen, kann ein Kind sich seine Informationen bei Quellen suchen, die nicht die besten Interessen des Kindes im Sinn haben.

Oft meinen Eltern, ihr Kind sei noch zu jung, um vom Geschlechtsverkehr, den sie innerhalb der Sicht- oder Hörweite des Babys praktizieren, beeinflußt zu werden. Dagegen sagt das amerikanische Komitee zur Verhinderung von Kindesmißbrauch: »Die Schranken der Intimität fallen zu lassen, so daß das Kind den Geschlechtsverkehr mit anhört oder sieht«, ist eine Art sexuellen Mißbrauchs.[3] Das ist eine umstrittene These, aber viele Psychoanalytiker liefern Hinweise, die diese Behauptung unterstützen.

Ungewöhnlichem sexuellen Verhalten ausgesetzt zu werden kann zu Verwundbarkeit führen. Beim Geschlechtsverkehr zuzusehen oder die Geräusche, die leidenschaftliche Intimitäten begleiten können, mit anhören zu müssen, kann bei kleineren Kindern Angst hervorrufen. Das Kind kann es aber auch als lustiges Spiel auffassen, das es auch spielen will. So kann dasselbe Kind, wenn es von einem älteren Menschen sexuell belästigt wird, eher bereit sein, mitzumachen, oder sich andererseits vor körperlichem Schmerz fürchten. Es könnte auch zu Verdrängung der Sexualität oder frühreifem sexuellen Verhalten führen.

Während ihrer Oberstufenzeit begegnete Maria einem älteren, ihr fremden Mann, der sich ihr exhibitionistisch zeigte. Sie erzählte es ihren Eltern, aber diese schenkten dem Vorfall keine besondere Aufmerksamkeit. Als er weiterhin an Orten, die sie besuchte, auftauchte und sein exhibitionistisches Verhalten wiederholte, ergriffen sie Maßnahmen, aber diese genügten nicht, um diese Vorfälle zu beenden. Sie zog von zu Hause fort und studierte, aber wenn sie in den Ferien nach Hause kam, belästigte er sie wieder. Das setzte sich während Marias gesamter Studienzeit fort und wirkte sich auf vielerlei Weise auf ihr Leben aus. Als sie in ihrer Beziehung zu ihrem Freund Schwierigkeiten hatte, deckte der junge Mann mit viel Feingefühl die Ursachen auf und ging zur Polizei. Erst dann hörten die Belästigungen auf.

Weil Kinder und Jugendliche über Begegnungen mit Exhibitionisten oder die Angst, verfolgt zu werden, nicht automatisch hinwegkommen, müssen diese Formen des Mißbrauchs ernst genommen werden. Dazu gehört der Umgang mit pornographischem Material, der sexuell neugierige Kinder dazu verleiten kann, Voyeure zu werden – zum Vergnügen die Genitalien anderer zu betrachten. Die Schuldgefühle, die sie vielleicht später empfinden, müssen aufgearbeitet und dürfen nicht verdrängt werden.

Eine ältere Frau erzählte mir von einem Mieter, der bei ihrer Familie wohnte, als sie noch ein junges Mädchen war. Eines Tages entdeckte sie, während sie sich in ihrem Zimmer auskleidete, daß der Mann sie durch einen Heizungsschacht beobachtete. Als sie die Geschichte erzählte, konnte sie noch lebhaft beschreiben, welches Kleid sie an jenem Tag trug, weil dieses Erlebnis so traumatisch für sie war. Voyeurismus kann dem Opfer das Gefühl vermitteln, völlig ungeschützt zu sein. Ein Blick *kann* einen bleibenden Schaden verursachen.

Zu »tätlichem« sexuellen Mißbrauch gehört Streicheln, ein Kind als Modell für Pornographie fungieren zu lassen, Prostitution, Vergewaltigung, Vergewaltigung mit Körperverletzung, Mord oder brutaler Gewalt. Die häufigsten Arten tätlichen Mißbrauches Streicheln, analer oder oraler Sex und Geschlechtsverkehr – werden in späteren Kapiteln genauer behandelt. Diese Formen sexuellen Mißbrauchs können einem Kind einzeln oder gemeinsam aufgezwungen werden. Eine Form des Mißbrauchs kann die nächste vorbereiten.

Kinderpornographie macht in den USA vermutlich den größten Teil der Mißhandlungen aus. Mißbrauch ohne Berührung (ein Kind pornographischen Bildern aussetzen) oder Mißbrauch mit Berührung (wenn das Kind selbst fotografiert wird) kann die Vorbereitung für direkten sexuellen Mißbrauch sein. Das große Angebot an pornographischer Literatur, in der Kinder abgebildet werden, stellt nachdrücklich unter Beweis, daß Kinder auf jede mögliche Weise sexuell ausgebeutet werden. Die Schätzung, daß es in den USA 600.000 Kinderprostituierte gibt, ist schockierend, erscheint aber nicht unrealistisch.[4]

Leider gehören einzelne sexuelle Kontakte manchmal auch zur Vorgeschichte extremer Straftaten. Brutale Vergewaltigungen, sadistische Praktiken, rituelle Morde, Geschlechtsverkehr mit Tieren und ähnliches sind nicht nur der schaurige Stoff für Horrorfilme. Da ist es nur verständlich, daß wir diese Realität verdrängen möchten.

Wer ist der Täter?

Früher meinte man, sexueller Mißbrauch geschehe wie in Tanjas Fall, der am Anfang des Kapitels erwähnt wurde, meistens zwischen völlig Fremden. Diese Vorstellung wurde aufgrund unseres Wunschdenkens allgemein übernommen – es fiel uns leichter, einen Fremden des Mißbrauchs anzuklagen und zu hoffen, daß ein Kind einen solchen Mißbrauch wieder vergessen würde.

Aber sobald diese Annahme einmal in Frage gestellt

wurde, hat eine überwältigende Menge von Untersuchungen diese These als Irrtum entlarvt. Jetzt werden die grausamen Tatsachen anerkannt: über fünfundachtzig Prozent der Fälle von sexuellem Mißbrauch werden von einem Menschen verübt, den das Kind kennt, liebt und dem es vertraut. Meistens befindet sich derjenige, der ein Kind mißbraucht, in einer rechtmäßigen Machtposition dem Kind gegenüber. Die überwiegende Zahl der gemeldeten Fälle nennen Eltern, Elternvertreter und Verwandte als verantwortlich für den Mißbrauch. In den meisten Fällen ist das, was als *sexueller Mißbrauch* bezeichnet wird, in Wirklichkeit Inzest.[5]

Inzest ist sexueller Verkehr zwischen Verwandten. Aber in der sich heute verändernden Familiensituation ist es schwer zu definieren, wer mit wem verwandt ist. Gilt es als Inzest, wenn der Lebensgefährte der Mutter sich vor deren Tochter nackt zeigt? Ist es Inzest wenn ein Junge seine Stiefschwester streichelt?

Wir verstehen vielleicht, wie schwierig es ist, Definitionen zu finden und sehen die vielen Schlupflöcher bei der Durchsetzung der Gesetze. Die Schwierigkeiten bei der Definition von *Inzest* haben zu ungenauen Statistiken über dessen Vorkommen geführt. In letzter Zeit wurde viel statistisches Material veröffentlicht, doch die Untersuchungen bringen selten eine Definition dessen, was mit den Begriffen *Inzest* oder *sexueller Mißbrauch* gemeint ist. Eine Untersuchung kann zum Beispiel jede Berührung oder Entblößung von Genitalien berücksichtigen. In einer anderen Untersuchung beschränkt sich sexueller Mißbrauch vielleicht auf das Eindringen in die Scheide. Angesichts der widersprüchlichen Ergebnisse fällt es der Öffentlichkeit schwer, sexuellen Mißbrauch als schwerwiegendes Problem zu erkennen. Wie können wir den Statistiken Glauben schenken? Sind sie nicht unzuverlässig?

Es lohnt sich dennoch, einen Blick auf einige Statistiken zu werfen. Obwohl es die beschriebenen Probleme der Definition gibt und wir nicht alle Tatsachen zur Verfügung haben, die uns helfen würden, die eine Statistik mit der anderen exakt vergleichen, stellt eine Übersicht über die Ergebnisse der Untersuchungen, das Vorkommen und den Ernst von sexuellem Mißbrauch deutlich heraus. Die Dokumentation von sexuellem Mißbrauch erfolgt normalerweise mit zweierlei Methoden: (1) Untersuchungen, die versuchen, die Zahl der neuen Fälle in einem bestimmten Zeitraum zu schätzen, und (2) Untersuchungen, die einen geschätzten Anteil von weiter zurückliegenden Fällen mit einbeziehen.

Seit über vierzig Jahren zeigen Untersuchungen, daß sexueller Mißbrauch an Kindern in Amerika beinahe ein Viertel der Bevölkerung betrifft. 1940 fand C. Landis heraus, daß dreiundzwanzig Prozent der Patienten und Angestellten in Krankenhäusern der Mittelschicht vor der Pubertät sexuell mißbraucht worden waren. Kinsey fand 1953 heraus, daß vierundzwanzig Prozent von 4441 Weißen der amerikanischen Mittelschicht vor der Pubertät sexuell mißbraucht wurden. 1965 untersuchte Gagnon 1200 Weiße der amerikanischen Mittelschicht und fand heraus, daß achtundzwanzig Prozent vor der Pubertät mißbraucht worden waren. 1978 befragte Finkelhor 530 Studentinnen. Über neunzehn Prozent waren von einem Erwachsenen mißbraucht worden, und bei siebzehn Prozent geschah dieser Mißbrauch vor der Pubertät.[6] Bei den letzten Schätzungen, die auf gesichertem Material beruhten, wurde ermittelt, daß 1985 vierundzwanzig Prozent der Kinder in den USA mißbraucht worden waren.[7]

Während die Zahl der Erwachsenen, die im Rückblick einen Mißbrauch eingestehen, relativ konstant bleibt, ist die Zahl der gemeldeten Straftaten in den letzten Jahren dramatisch gestiegen. Zwischen 1976 und 1982 verdoppelten sich Berichte über alle Formen des Kindesmißbrauchs in den USA auf über 1,6 Millionen. Die Zahl der angezeigten Fälle von sexuellem Mißbrauch hat sich ebenfalls verdoppelt. Zwischen 1983 und 1984 stiegen die Meldungen von sexuellem Mißbrauch um fünfundvierzig Prozent.[8]

Das kann auf mindestens zwei Faktoren zurückgeführt werden – den Trend der letzten Jahre, Kinder zu ermutigen, über sexuellen Mißbrauch zu sprechen, und den Trend bei Betreuern und Berufsgruppen, die mit Kindern zu tun haben, Informationen an die entsprechenden Behörden weiterzuleiten. In der Vergangenheit war Schweigen und Passivität der normale Umgang mit diesem Problem. Von vierzig Frauen, die als Kind Inzest ausgesetzt waren und von Herman untersucht wurden, haben 57,7 Prozent als Kind ihr Geheimnis zu Hause nicht verraten. Von denen, die es verrieten, war die durchschnittliche Dauer des Mißbrauchs 3,8 Jahre. Über zweiundneunzig Prozent erfuhren kein Eingreifen von staatlicher Seite.[9] In Deutschland muß ein Kind im Durchschnitt sieben Erwachsene ansprechen, bevor ihm geglaubt wird!

Es kann sein, daß die Zahl der Menschen, die Fälle von sexuellem Mißbrauch aus der Vergangenheit melden, ebenfalls steigt. Die neue Offenlegung von sexuellem Mißbrauch in den Medien hilft vielen Erwachsenen, die Erinnerung an eigene Erfahrungen in der Vergangenheit auszusprechen. Andere erinnern sich erst nach Jahren mit der Hilfe eines Psychologen an sexuellen Mißbrauch in ihrem Leben, eine Möglichkeit, die von Jahr zu Jahr mehr Akzeptanz findet. Wenn wir die Statistiken über diejenigen, die wissen, daß sie als Kinder sexuell mißbraucht wurden, und die Schätzungen über die Menschen, die mißbraucht wurden, sich aber nicht mehr daran erinnern, weil das Trauma zu groß war, zusammennähmen, würden wir noch erschreckendere Zahlen erhalten.

Mädchen sind allen Untersuchungen zufolge die größte Risikogruppe. Aber je mehr Untersuchungen durchgeführt werden, um so offensichtlicher wird es, daß auch viele Jungen Opfer von sexuellem Mißbrauch waren. Eine Untersuchung bei über neunhundert Frauen in San Francisco fand heraus, daß in Amerika in jedem Jahr von einer Million Frauen 160.000 Opfer von inzestuösem Mißbrauch werden, bevor sie ihr achtzehntes Lebensjahr erreichen. In einer rückblickenden Untersuchung von 266 männlichen Studenten berichteten über acht Prozent, daß sie in ihrer Kindheit sexuell mißbraucht worden waren. Das Durchschnittsalter zu der Zeit des Mißbrauchs lag bei 11,2 Jahren. Bei vierundachtzig Prozent der Fälle war der Täter ein Mann.[10] Bemerkenswert ist auch, daß die Ergebnisse deutlich zeigen, daß der sexuelle Mißbrauch bei Jungen viel zu selten gemeldet wird.

Es wäre einfach zu glauben, daß diese Jungen und Mädchen nicht aus christlichen Familien kämen. Vielleicht lautet Ihre Reaktion jetzt: »Schau nur, was in unserer Gesellschaft alles passiert! Diese sündige Welt! Wenn die Menschen sich nur zu Gott bekehrten, würde so etwas nie vorkommen!«

Ich wünschte, ich könnte dieser Aussage zustimmen. Leider geschieht sexueller Mißbrauch an Kindern nicht nur »da draußen« oder in einer anderen Kultur. Er geschieht in unseren Städten, in der Stadt, in der wir wohnen, und in der Kirchengemeinde, die wir besuchen.

Sexueller Mißbrauch in der christlichen Gemeinde

Fast bis zu meinem vierzigsten Lebensjahr war ich mir des weit verbreiteten Problems, das sexueller Mißbrauch darstellt, nicht bewußt, obwohl es ein wichtiger Teil meiner prägenden Kinderzeit gewesen war. Als ich entdeckte, daß sexueller Mißbrauch nicht nur ein Einzelfall in meinem Leben war, beschloß ich, mich besser zu informieren. Wie wenig wußte ich davon, daß ich je Freiheit von den Auswirkungen meines sexuellen Mißbrauchs finden könnte, die mich mein ganzes Leben lang irgendwie gebunden hatten.

Als ich anfing, Bücher und Artikel über sexuellen Mißbrauch zu lesen, wurde ich wütend auf die Anschuldigungen, die an die christliche Gemeinde gemacht wurden und ihnen vorwarfen, sexuellen Mißbrauch zu verursachen oder zu sanktionieren. Dann gab es auch Bemerkungen aus der christlichen Gemeinde wie: »Es ist doch nicht wirklich ein Problem, oder?« oder »Das passiert in der christlichen Gemeinde nicht.«

Diese Antworten weckten bei mir gemischte Gefühle. Ich hatte ein seltsames, unheimliches Gefühl. Wenn die Leute, die diese Kommentare abgaben, nur meinen Fall kennen würden, dann würden sie glauben müssen, daß auch Christen sexuellen Mißbrauch erleben ... oder sie würden vielleicht einfach an meinem Glauben zweifeln.

Meine Wut und Unruhe wurden zu einer Herausforderung an mich, mehr Informationen über sexuellen Mißbrauch innerhalb der christlichen Gemeinde zu finden. Mehrere Opfer von sexuellem Mißbrauch kannte ich bereits. Es waren alle Christinnen, die von Männern mißbraucht worden waren, die behaupteten, sie seien Christen – einige waren sogar Leiter in christlichen Gemeinden.

Ich fand keine veröffentlichten Untersuchungen über den Zusammenhang zwischen sexuellem Mißbrauch und Gottesvorstellungen. Es gab auch keine veröffentlichten Untersuchungen über das Vorkommen von sexuellem Mißbrauch und Inzest unter Christen. Die einzige Information, auf die ich stieß, waren Umfragen, in denen allgemeine Fragen darüber gestellt wurden, in welcher Religion die Leute erzogen waren, ob sie eine religiöse Neigung hätten, oder ob sie religiös seien.

Daraufhin entwarf ich einen Fragebogen und führte an einer Ausbildungsstätte eine eigene Untersuchung durch, um festzustellen, in welchem Ausmaß sexueller Mißbrauch unter Christen vorkommt, und welche Auswirkungen er auf die Gottesvorstellung der Opfer gehabt hatte. Obwohl die Untersuchung auf eine Umfrage unter Studentinnen in einem christlichen Kunst-College im amerikanischen mittleren Westen begrenzt war, sind die dabei herausgefundenen Informationen bemerkenswert.

Sexueller Mißbrauch wurde auf dem Fragebogen als Kontakte oder Handlungen zwischen einem Kind unter achtzehn Jahren und einem anderen Menschen definiert, bei denen das Kind als Befriedigungsobjekt für die sexuellen Bedürfnisse oder Wünsche des anderen ohne Zustimmung des Kindes benutzt wurde. Inzest wurde als sexueller Mißbrauch innerhalb der Familie definiert.

Vor dem Beginn der Umfrage vermutete ich, daß der Anteil von sexuellem Mißbrauch unter Christinnen sich von dem der allgemeinen Bevölkerung unterscheiden würde (fünfundzwanzig Prozent werden mißbraucht.) Ich schätzte, daß Inzest bei Christinnen höher liegen würde als die allgemeinen Bevölkerungsschätzungen, ungefähr sechsundzwanzig Prozent.

Insgesamt 247 Studentinnen an diesem christlichen College wurden gebeten, an der Umfrage teilzunehmen. Fragebögen mit einem erklärenden Brief und einer Kontaktadresse für Hilfe und Informationen nach der Untersuchung wurden persönlich adressiert und an jede Studentin verteilt. Die Studentinnen wurden gebeten, den Fragebogen auszufüllen und ihn anonym an eine bestimmte Adresse zurückzuschicken.

Achtunddreißig Prozent der Fragebögen kamen zurück, das heißt 93 der verteilten 247. Die Statistiken beziehen sich auf die Gesamtzahl der 247 Studenten, um eine Verzerrung zu vermeiden, die entstünde, wenn man nur die eingereichten Fragebögen berücksichtigen würde.

Achtundvierzig Studentinnen oder neunzehn Prozent aller Studentinnen berichteten von sexuellem Mißbrauch in irgendeiner Form vor ihrem achtzehnten Lebensjahr. Inzest wurde von dreizehn, d.h. fünf Prozent aller Studentinnen berichtet. Von den achtundvierzig mißbrauchten Studentinnen wurden nur einundzwanzig von unbekannten Tätern mißbraucht. Fünf berichteten von Mißbrauch durch mehr als eine Person.

Folgende Personen wurden als Täter aufgeführt: Vater, Bruder, Onkel, Cousin, Großvater, Freund oder Verlobter, erwachsener Leiter, Freund der Familie, Nachbar, Chef oder Hausarzt. Von einem Großvater wurde berichtet, daß er alle Enkeltöchter mißbrauchte. Und in einem anderen Fall wurde der sexuelle Mißbrauch von einem Vater verübt, der Pfarrer war.

Von den Befragten erzählten sechsunddreißig einem anderen Menschen davon, einige jedoch erst, als sie erwachsen waren. Nur elf sagten, daß nach dem Melden des Mißbrauchs etwas unternommen wurde. Einige berichteten damals nur einen Teil dessen, was geschehen war. Andere konnten durch Therapie über den Mißbrauch sprechen und ihn verarbeiten.

Eine Tochter von Missionaren berichtete ihren Eltern, daß sie mißbraucht worden sei. Als Antwort bekam sie zu hören, das sei der Preis, den sie dafür zahlen müsse, in »seinem (Gottes) Dienst« zu sein.

Ein Lehrer hatte am Hals eines Opfers etwas entdeckt, aber nichts wurde unternommen.

Einer Großmutter wurde in einem Fall von dem Mißbrauch erzählt; ihre Reaktion bestand darin, den Mund des Mädchens mit Seife auszuwaschen.

Auf dem Fragebogen fanden sich auch Aussagen über das Gottesbild der Studentinnen. Von den Opfern hatten zweiunddreißig ihre Vorstellung von Gott in negativer Weise geändert. Mehr Personen, die mißbraucht worden waren, als diejenigen, die keinem Mißbrauch zum Opfer gefallen waren, hatten keine klaren Gefühle gegenüber Gott, als sie Christen wurden.

Die Ergebnisse dieser Umfrage zeigen, daß sexueller Mißbrauch unter Studentinnen an einem christlichen College geringer ist als im Landesdurchschnitt, aber daß er immer noch sehr hoch liegt fast jede fünfte war das Opfer von sexuellem Mißbrauch. Inzest trat in dieser Gruppe wesentlich häufiger auf als die durchschnittlichen Bevölkerungsschätzungen. Mir ist bewußt, daß diese Untersuchung ein ausgewähltes Beispiel ist, aber sie zeigt, daß auch Mädchen innerhalb der christlichen Gemeinde sexueller Mißbrauch widerfährt. Sie zeigt auch, daß innerhalb der christlichen Gemeinde Täter von sexuellem Mißbrauch zu finden sind.

Wie die Statistiken auch gesehen werden: Selbst ein einziger Fall sollte unsere Aufmerksamkeit wecken. Wenn sexueller Mißbrauch achtundvierzig Christinnen widerfahren konnte, die meinen Fragebogen beantworteten, können ihm auch andere zum Opfer fallen. Wenn der Täter ein Pfarrer, ein erwachsener Gruppenleiter oder ein Hausarzt sein kann – und wenn ein Missionarskind davon betroffen sein kann – können auch andere betroffen werden. Es müssen noch mehr Untersuchungen durchgeführt werden, und die christliche Gemeinde muß etwas wegen des Problems des sexuellen Mißbrauchs unternehmen.

Welchen Wert haben Statistiken dann? Sie zeigen, daß sexueller Mißbrauch geschieht. Und daß auch Christen nicht davor verschont bleiben. Aber wie sollte sich das auf andere Christen auswirken? Wir können die Statistiken nehmen und auf unsere eigene Umgebung übertragen. In einer Gruppe von vier Freundinnen wurde eine vielleicht mißbraucht. In einem Schul- oder Gemeinderaum oder einer Bibelstunde mit zwanzig Schülerinnen können fünf das Opfer von sexuellem Mißbrauch geworden sein. An einem Arbeitsplatz mit fünfzig Frauen wurden vielleicht zwölf mißbraucht. Fünfhundert Menschen können in einer kleinen Gemeinde mit zweitausend Einwohnern direkte Opfer von sexuellem Mißbrauch geworden sein. Wenn Sie ein Familientreffen mit hundert Verwandten besuchen, könnten fünfundzwanzig das Opfer von sexuellem Mißbrauch sein. Alarmierend!

Selbst wenn Sie selbst vor sexuellem Mißbrauch verschont blieben, kommen Sie sicher mit Menschen in Kontakt, die von dieser Tragödie betroffen wurden. Selbst wenn dieser Mensch nicht in Ihrer Familie oder Kirchengemeinde zu finden ist, befindet er sich vielleicht unter Ihren Arbeitskolleginnen, Nachbarinnen, Geschäftsfreunden, künftigen Verwandten, Bekannten. Wenn nicht unter Christen, dann vielleicht unter denen, die sich wegen des sexuellen Mißbrauchs von Gott abgewandt haben. Sie können lernen, die Wunden, die der Mißbrauch verursacht hat, zu verbinden helfen.

3. Sündenböcke für sexuellen Mißbrauch

Im zweiten Kapitel wurde gezeigt, daß sexueller Mißbrauch ein wirkliches Problem ist, auch in christlichen Kreisen. Für den Erwachsenen, der in seiner Kindheit sexuell mißbraucht wurde und höchstwahrscheinlich diesen Mißbrauch geheimhielt, entsteht ein Gefühl der Erleichterung, wenn er oder sie erkennt, daß andere dasselbe Schicksal und dieselben Qualen und Ängste erlitten haben. »Mein Fall ist gar nicht so außergewöhnlich! Ein anderer weiß, was ich fühle.« Doch nicht jeder ist bereit, die grausame Realität zu hören, geschweige denn zu glauben. Dieselben Statistiken, die trösten, können auch vor den Kopf stoßen. Das führt zu erstaunlichen Reaktionen:

»Ich glaube, das ist nur ein Medienwirbel. Das Thema kommt und geht wahrscheinlich genauso wie andere Modethemen.«

»Ich bin nie einem Menschen begegnet, der mißbraucht wurde. Wenn es wirklich ein Problem wäre, dann hätte ich davon schon früher gehört.«

»Ich habe in all den Jahren, in denen ich als Seelsorger arbeite, noch nie einen klaren Fall von Inzest erlebt. Das Problem ist längst nicht so groß, wie manche behaupten!«

»Das ist ein schreckliches Thema. Wie können Sie mit so einem Menschen arbeiten?«

Erschrecken, Abscheu, Skepsis! Selbst angesichts einer Flut von Statistiken weigern sich manche, der Wahrheit ins Gesicht zu blicken.

Wenn ein Opfer sexuellen Mißbrauchs solche Kommentare hört, schämt sie sich vielleicht und zieht sich wieder in ihr Schweigen zurück.* Solche Bemerkungen kön-

* Da die meisten Täter Männer und die meisten Opfer Frauen sind, nehme ich männliche Fürwörter, wenn ich vom Täter spreche, und weibliche Fürwörter, wenn ich vom Opfer spreche. Das bedeutet

nen jede Hoffnung, die das Opfer gehegt hatte, wieder zunichte machen. Kein Wunder, daß die Autoren, die über sexuellen Mißbrauch an Kindern geschrieben haben, ihren Büchern Titel wie *Das bestgehütete Geheimnis, Verschwörung des Schweigens, Ein Schweigen, das gebrochen werden muß, Das letzte Tabu* und *Verborgene Opfer* gegeben haben.

In der Geschichte waren die Reaktionen auf das Problem des sexuellen Mißbrauchs nicht immer im besten Interesse des Opfers. Die Opfer mußten erleben, wie Daten verzerrt und Sündenböcke gesucht wurden, wie vom Thema abgelenkt und schließlich der Mißbrauch selbst geleugnet wurde. Ich will einige Reaktionen aus der Vergangenheit betrachten und zeigen, wie wir heute oft dieselben Abwehrmechanismen im Blick auf sexuellen Mißbrauch einsetzen.

Verdrehen der Tatsachen und Leugnen des Mißbrauchs

Es war bekanntlich Freud, der die Probleme des Verdrehens und Leugnens von Tatsachen als Reaktion auf sexuellen Mißbrauch ans Licht der Öffentlichkeit brachte. Sigmund Freund ist durch seine Arbeit mit emotional gestörten Menschen Ende des 19. Jahrhunderts bekannt geworden. Ein Großteil seiner Analyse beschäftigte sich mit hysterischen Frauen. Freud suchte nach der Ursache, die hinter der Hysterie lag, und in vielen Fällen wurde ihm von sexueller Verführung berichtet. 1896 sagte er in der Schrift *Zur Äthiologie der Hysterie* seinen Kollegen, daß ein sexuelles Trauma in der Kindheit die Ursache für *jeden* Fall von Hysterie sei.[1]

nicht, daß diese Aussagen unbedingt auf Fälle mit dieser Geschlechterverteilung begrenzt sind. In den meisten Fällen könnte man auch dieselbe Aussage über weibliche Täter und männliche Opfer machen.

Die Enthüllung sexuellen Mißbrauchs durch die Patientinnen war nicht Freuds einziger Beweis. Masson und andere, die über Freud arbeiten, haben seine persönlichen Aufzeichnungen genauestens untersucht und weiteres Material gefunden. Freud besaß Bücher, in denen sexueller Mißbrauch von Kindern beschrieben wurde, und die, wie er sagte, seine Theorie belegten. Außerdem hat Freud selbst Autopsien von Kindern beigewohnt, die sexuell mißbraucht worden waren.[2]

Freuds Theorie war offensichtlich eine schockierende Enthüllung für seine Kollegen. Vermutlich forderten einige ihn auf, seine Ergebnisse noch einmal zu überdenken.[3] Freud gab später zu, daß sein Material »noch dürftig« sei, und daß er »die Häufigkeit von sexuellem Mißbrauch in der Kindheit überschätzt« habe.[4] In einer späteren Phase seiner psychoanalytischen Arbeit behauptete er, daß die sexuellen Handlungen mit älteren Kindern, Müttern oder Krankenschwestern während der Körperhygiene stattgefunden hätten.[5]

Freud versuchte, die Ursache für Hysterie bei Frauen im Blick auf die Natur der kindlichen Wunschphantasien oder des Ödipuskomplexes zu finden.[6] Seine Theorie führte ihn zu folgenden Schlußfolgerungen: Erstens zeigen die hysterischen Frauen ein unnormales Verlangen nach sexuellem Vergnügen. Zweitens haben sie eine krankhafte Tendenz zu lügen und zu übertreiben, besonders in Bezug auf sexuelle Dinge, neben dem Problem, Ereignisse wiederzugeben. Drittens haben sie eine Veranlagung zur Hysterie. Viertens sind die Geschichten nur Phantasieprodukte, mit denen typische Kindheitswünsche oder ein Ödipuskomplex und autoerotische sexuelle Handlungen gestützt werden.[7] Es besteht auch die Vermutung, daß Freud im Laufe seiner späteren Arbeit später seine Theorie über die Bedeutung eines sexuellen Traumas als Ursache von emotionalen Störungen änderte.[8]

Wir werden nie die ganze Wahrheit über Freuds Entdekkungen und seine Vermutungen erfahren, da er nicht mehr lebt, um Fragen zu beantworten oder sich gegen die verschiedenen Vorwürfe zu verteidigen. Was immer man Freud vorwerfen mag, wir müssen bedenken, daß er vor einem ganzen Jahrhundert in einer Zeit arbeitete, deren Sprache uns teilweise schon fremd ist, und mit nur wenigen Patienten.

Heute setzt sich das Problem des Leugnens fort, wenn Menschen, die sexuell mißbraucht wurden, aufgrund ihrer wechselhaften und vielschichtigen Gefühle, als hysterisch betrachtet und auch so behandelt werden. Ihre Geschichten werden als Halluzinationen, Träume oder Übertreibungen abgetan. Wenn das Opfer einen Teil des Vorfalls oder den ganzen Vorfall aus ihrer Erinnerung aussperrt, wird das als Gedächtnisschwund oder hysterische Reaktion bezeichnet. Wenn einem Menschen in diesem Stadium kein Glauben geschenkt wird, kann eine tatsächliche hysterische Reaktion erfolgen.

Eine andere Form des Leugnens kann die Annahme sein, ein Kind erzähle Märchen, um Aufmerksamkeit zu erheischen. Wenn das so ist, woher bekommt das Kind dann solche detaillierten Informationen, die Sexualität betreffend? Wir dürfen nicht vergessen, daß ein Kind nicht die sexuellen Phantasien und Wünsche eines Erwachsenen hat. Wir müssen, wenn uns um die Heilung zu tun ist, das Gefühlsleben jedes einzelnen betrachten, aber die Annahme, das Kind phantasiere nur, sollte das Trauma des Mißbrauchs nicht herunterspielen dürfen.

Ablenkung

Was es heißt, von dem Problem des sexuellen Mißbrauchs abzulenken, kann man anhand der Untersuchungen von Kinsey erkennen. Als Kinsey 1953 die Ergebnisse umfassender Umfragen veröffentlichte, war sein Name in aller

Munde. Zum Teil handelte es sich um persönliche Interviews mit über viertausend jungen weißen, gebildeten Städterinnen, die hauptsächlich aus der amerikanischen Mittelschicht stammten. Vierundzwanzig Prozent der Frauen berichteten Kinseys Befragungsteam von sexuellen Kontakten während ihrer Kindheit. Von diesen Frauen brachten achtzig Prozent zum Ausdruck, daß sie durch diese Erlebnisse verwirrt und verängstigt wurden.[9]

Ein umfangreiches Interview wurde außerdem mit fünftausend Männern durchgeführt. Über die sexuellen Kontakte zwischen Jungen und Erwachsenen wurden keine Zahlen genannt, aber laut der Statistiken waren die meisten dieser Kontakte homosexueller Natur.[10]

Kinsey sagte öffentlich, daß sich ein Kind durch solche sexuellen Annäherungen nicht verwirren lassen sollte. Wir wissen jedoch nicht, wie für ihn »sexuelle Kontakte in der Kindheit« definiert waren. Wenn das Kind verwirrt war, meinte er, daran seien prüde Eltern oder Lehrer schuld, die durch ihre Reaktion auf die Berichte ihrer Kinder über sexuelle Kontakte das Kind hysterisch machten. Außerdem erklärte er, daß es der kulturellen Prägung anzulasten sei, wenn ein Kind das Streicheln der Geschlechtsteile nicht normal finde.[11]

Kinsey war ein Pionier, was die Untersuchung menschlicher Sexualität betrifft. Spezielle Untersuchungen zum Thema Inzest durchzuführen, war nicht sein Anliegen, und dennoch machten seine Untersuchungen die Existenz sexueller Kontakte zwischen Erwachsenen und Kindern bekannt. Wir wissen nicht, ob er von dem Thema bewußt ablenken wollte. Es könnte unfair sein, seine allgemeinen Untersuchungen mit konkreten Untersuchungen anderer zu vergleichen. Jeder Umfragetyp benutzt andere Fragen und wendet sich an eine andere Bevölkerungsschicht. Der Fragende entscheidet, worauf er die Betonung legen will.

Es ist interessant, daß 1955, nur zwei Jahre nach Kinseys Untersuchungen, S. Kirson Weinburg das Buch *Inzestver-*

halten veröffentlichte. Diese Untersuchung basierte auf 203 Fällen sexuellen Mißbrauchs, die den Behörden im Gebiet von Chicago bekannt geworden waren. Auf dieses Buch gab es nachweislich keine öffentliche Reaktion irgendeiner Art.[12]

Sexueller Mißbrauch wird manchmal nur als kleiner Teil anderer Probleme angesehen. Wenn zum Beispiel Menschen aufgrund ihres Suchtverhaltens, gestörten Eßverhaltens, eines Selbstmordversuchs, wegen Prostitution oder weil sie von zu Hause weggelaufen sind, behandelt werden, zielt die Therapie nicht auf das Problem des sexuellen Mißbrauchs, sondern auf die sich daraus ergebenden Folgehandlungen. Diese Ablenkung vom eigentlichen Problem kann vorübergehend Hilfe ermöglichen, schafft aber das Kernproblem des sexuellen Mißbrauchs nicht aus der Welt.

Abschieben auf einen Sündenbock

Es fällt leicht, Freud und Kinsey anzuklagen, sie lenkten vom Problem des sexuellen Mißbrauchs ab oder leugneten es sogar. Doch wenn wir uns nicht selbst schuldig machen wollen, müssen wir aufhören, Sündenböcke zu suchen, d.h. eine leichte Antwort auf ein komplexes Problem zu geben. Es wäre ein falscher Weg, mit intellektuellen Antworten ein emotional aufgeladenes Problem anzugehen.

Ein Blick in die Mythologie, in Geschichtsbücher, Kinderreime, Märchenbücher und die Bibel verrät uns, daß es sexuellen Mißbrauch in verschiedenen Formen schon immer gab. Einige dieser Quellen, aus denen Kinder moralische und soziale Grundsätze schöpfen, werten Kinder deutlich ab und behandeln sie wie Eigentum.

Denken wir nur an den Froschkönig, das Märchen von einer jungen Prinzessin, die ihren Ball im Wasser verliert. Der Frosch verspricht ihr, den Ball zu holen als Gegenleistung für ihre Liebe, Essen von ihrem Tellerchen und das Schlafen in ihrem Bettchen. Zuerst glaubt die Prinzessin, der Frosch werde mit seinen Forderungen nicht ernst machen, und stimmt ihnen deshalb zu. Später erscheint der häßliche Frosch tatsächlich an der Tür der Prinzessin und erinnert sie an ihr Versprechen. Der König sorgt dafür, daß seine Tochter ihr Versprechen hält. Dann verwandelt sich der Frosch in einen Prinzen. Die zwei wurden ein glückliches Paar, und wenn sie nicht gestorben sind, dann leben sie noch heute.

In »Rumpelstilzchen« verspricht die Müllerstochter dem komischen Männchen ihr erstgeborenes Kind im Tausch gegen die Fähigkeit, Gold aus Stroh spinnen zu können. Der Zwerg kehrt zurück, als das Kind geboren ist. Obwohl der Zauber gebrochen und das Versprechen nicht eingelöst wird, erscheint das kleine Kind im Märchen als Objekt des Handelns.

In einer anderen Geschichte darf sich Bärenhäuter eine der Töchter eines alten Mannes aussuchen. Vor dem Aussehen des Mannes schrecken alle zurück. Die Verlobte kleidet sich in Schwarz und wird von ihren Schwestern verspottet und gehänselt. Bärenhäuter legt sein tierisches Aussehen ab und verwandelt sich in einen schönen Mann, als er zu seiner Verlobten zurückkehrt.

Noch viele andere Märchen könnten als Beispiel herangezogen werden. Es ist nicht ungewöhnlich, daß kleine Mädchen wie eine Handelsware behandelt oder zur Ehe versprochen werden. Die Sprache der Märchen sollte uns nicht von der erschreckenden Aussage ablenken.

Die Gesellschaft zieht es vor, sich nicht offen mit diesem Problem auseinanderzusetzen, sondern Sündenböcke zu suchen. So wird z.B. Alkohol- oder Drogenmißbrauch als Hauptproblem genannt. Es gibt Fälle, in denen der Alkoholismus die wirkliche Schuld des sexuellen Mißbrauchs verdeckt und in denen die Täter ihr Suchtproblem als Entschuldigung für ihr Verhalten nennen.

Auch anderorts werden Sündenböcke gesucht. Die Veröffentlichungen von Florence Rush und David K. Walters sollen als Beispiele dienen:

Florence Rush ist eine vielzitierte Autorität auf dem Gebiet der Untersuchung sexuellen Mißbrauchs. Sie beschuldigt die Bibel und den Talmud, zum Geschlechtsverkehr zwischen kleinen Mädchen und Männern zu ermutigen.[13] Sie holt weit aus, um Einzelheiten darzustellen.

In ihrem Buch *Das bestgehütete Geheimnis* versäumt es Rush jedoch leider, zwischen dem Talmud, der Bibel, dem Koran, Zauberbüchern und anderen Quellen zu unterscheiden, und richtet ihre Anschuldigungen undifferenziert gleichermaßen gegen alle. Der Talmud gibt ausdrückliche Altersangaben bezüglich der Ehe und sexueller Kontakte mit Kindern. Die Bibel spricht von sexuellem Mißbrauch und nennt Beispiele. Aber nirgends fordert sie zu Geschlechtsverkehr mit sehr jungen Mädchen als Ehefrauen, als Konkubinen oder als Sklavinnen auf, wie Rush behauptet. Außerdem mißt Rush unkorrekterweise dem Kommentar und der Tradition des Talmuds dieselbe Autorität bei wie der Bibel.

Dieser Fehler unterläuft leicht, wenn man nicht sieht, daß in der jüdischen Religion zwischen der von Gott inspirierten Heiligen Schrift und den rabbinischen Schriften, die im Lauf der Geschichte des Judentums entstanden sind, unterschieden wird. In der Bergpredigt spricht Jesus selbst sechsmal das Versäumnis an, daß zwischen der Tradition der Rabbiner und der Lehre der Schrift nicht unterschieden wurde.

Rush wirft den Schriften des Alten Testaments außerdem vor, sie lehrten, daß Frauen Besitz seien und damit Opfer sexueller Ausbeutung. Sie stützt diesen Vorwurf auf das letzte der zehn Gebote, in dem die Frau eines Mannes in einem Atemzug mit seinem Ochsen und seinem Haus genannt wird. So erscheint die Frau als verfügbares Eigentum und alle heterosexuellen Beziehungen als finanzielle Transaktionen.

Zitat Rush: »Die Ehe gründete auf dem Verkauf einer Tochter durch ihren Vater, Prostitution auf dem Verkaufen und Zurückkaufen einer Frau durch ihre Mutter für sexuelle Dienste, und Vergewaltigung war der Raub der Jungfräulichkeit eines Mädchens, der durch Zahlung an ihren Vater ausgeglichen werden konnte. Wo die Bibel hinsichtlich des Alters der Frauen bei diesen Transaktionen vage war, wurde der Talmud konkret.«[14]

Die Schlußfolgerung, daß Ehefrauen Eigentum sein müßten, weil sie im Zusammenhang mit Ochsen genannt werden, ist nicht zwingend. Außerdem ist die Bibel nicht »vage«. Vielmehr schweigt sie und macht keine Aussagen über das erforderliche oder empfohlene Heiratsalter von Frauen. Die Freiheit des einzelnen, seinen Verstand bei seinen Entscheidungen einzusetzen, wird respektiert.

Die Bibel nennt keinen konkreten Brautpreis oder eine konkrete Mitgift, die notwendig ist, um eine Ehe gültig zu machen.

Das sind nur zwei der vielen Vorwürfe, die Rush ausspricht und mit denen sie indirekt die Bibel und die christliche Tradition zum Sündenbock für sexuellen Mißbrauch macht. Es wäre ratsam, ein solches Buch, das als Autorität zitiert wird, durchzugehen und zwischen der Bibel, dem Talmud, dem Koran, der Mischna, verschiedenen Mythologien, Zauberei und anderen Traditionen zu unterscheiden. Wie wir sehen werden, spricht sich die Bibel deutlich gegen sexuellen Mißbrauch aus, sie nennt Beispiele und stellt Richtlinien zum Erkennen, Vermeiden und Bestrafen des sexuellen Mißbrauchs auf.

Auch David K. Walters beschuldigt unser jüdisch-christliches Erbe, für den Mißbrauch an Kindern verantwortlich zu sein:

»Körperliche Mißhandlungen und sexueller Mißbrauch von Kindern geschehen nicht in einem kulturellen Vakuum. Vielmehr gehört es zu Amerikas Geschichte, Kinder als minderwertig zu behandeln, als wenig mehr als Vieh, mit dem der erwachsene Erziehungsberechtigte oder dessen Vertreter umgehen kann, wie es ihm beliebt.

Die Stellung der Kinder im heutigen Amerika hat seine Wurzeln in der Geschichte, besonders in der Bibel. Seit Generationen sind wir ein Volk, das von der Bibel stark beeinflußt ist. Wir versuchen, unser Leben nach ihren Lehren auszurichten, und zu einem hohen Grad beeinflußt dieses Buch unsere zwischenmenschlichen Beziehungen, unseren Umgang mit Kindern und die Stellung von Kindern in unserer Gesellschaft. Aus unserem jüdisch-christlichen Erbe heraus entstanden Gesetze, die biblische Vorstellungen, biblische Rollen und Beziehungen formalisieren, und heute kämpft unsere Rechtsprechung immer noch mit gesetzlichen Problemen im Zusammenhang mit dem Mißbrauch von Kindern.«[15]

Nur weil die Amerikaner ein bestimmtes Verhalten zeigen, heißt das noch lange nicht, daß dies Gottes Wille ist, daß sie sich so verhielten, vor allem, wenn ihr Verhalten Gottes Geboten klar widerspricht. Außerdem versäumt es Walters, das biblische Inzestverbot zu erwähnen: »Keiner unter euch soll sich irgendwelchen Blutsverwandten nahen, um mit ihnen geschlechtlichen Umgang zu haben« (3. Mose 18,6). Es stimmt, daß sexueller Mißbrauch auch in christlichen und jüdischen Häusern vorkommt, aber er kommt auch in nichtreligiösen Häusern vor und genauso in pseudoreligiösen Kulten.

Gottes erklärte Absicht ist es, daß sexuelle Intimität von dauerhafter Hingabe in der Beziehung *eines* Mannes zu *einer* Frau begleitet wird. Unter dieser Vorgabe hat ein Mann keine Möglichkeit zur Promiskuität, ohne dafür geradestehen zu müssen. Dieses Gesetz duldet keine »Wegwerfmentalität« gegenüber Frauen. Beziehungen zu Frauen erfordern Verantwortung und Zuverlässigkeit, nicht Ausnutzung.

Die Strafe für Männer, die sich ungebührliche Freiheiten gegenüber einer jungen Frau herausnahmen, war unter dem mosaischen Gesetz weitaus strenger, als die schärfsten Befürworter der Reform unserer modernen Gesellschaft heute vorzuschlagen wagen würden:

Wenn aber jemand ein verlobtes Mädchen auf freiem Felde trifft und ergreift sie und wohnt ihr bei, so soll der Mann allein sterben, der ihr beigewohnt hat, aber dem Mädchen sollst du nichts tun, denn sie hat keine Sünde getan, die des Todes wert ist ... (5. Mose 22,25-29)

Jesus Christus erfüllte die harten Anforderungen der Gerechtigkeit, als er die Schuld jedes Gesetzesübertreters mit seinem Leben bezahlte. Seine Gnade und seine Heilung bietet er allen an. Die Lehre des Neuen Testaments bezüglich der Gemeindezucht erkennt die volle Bedeutung von Gerechtigkeit *und* Gnade an. Als vorrangiges Ziel hat sie erlösende, heilende Absichten (vgl. Matthäus 18,15-19; 1. Korinther 5,14-21; 2. Korinther 2,1-11).

Es wäre ungerecht, wenn ich Sie jetzt bei der Meinung beließe, daß Freud, Kinsey, Rush und Walters die einzigen wären, die sexuellen Mißbrauch umdeuten, leugnen, von ihm ablenken oder Sündenböcke benennen. Das ist nicht meine Absicht. Sie sollten nur als Beispiel dafür dienen, daß wir als Menschen große Schwierigkeiten haben, mit sexuellem Mißbrauch angemessen umzugehen.

Die letzten Jahre, in denen ich dieses Buch geschrieben habe, waren für mich ein großer Kampf. Der Kampf bestand weniger darin, mit den Problemen des Mißbrauchs fertigzuwerden, als vielmehr mit den Reaktionen anderer zu ringen – mit dem allgegenwärtigen Problem, Sündenböcke zu suchen, zu leugnen und ungerecht zu behandeln. Hier sind nur einige Bemerkungen, die ich zu hören bekam:

»Du hast kein Recht, das zu erzählen« – mein Bruder. (Dahinter steckte die Annahme, daß ich einverstanden gewesen sein müsse, da der Mißbrauch so lange gedauert habe, und deshalb sei es meine Schuld.)

»Das ist nicht nötig. Inzest ist so etwas Unwichtiges. Ihre Geschichte ist Vergangenheit« – ein Missionsdirektor.

»Wie kannst du ein Buch schreiben? Du hast noch nicht alles aufgearbeitet« – ein anderes Opfer.

»Wenn man erfährt, daß Sie mißbraucht wurden, wird das Ihre Arbeit mit Kindern gefährden. Sie wissen, welche vorgefaßten Meinungen Eltern über Menschen haben, die Opfer von sexuellem Mißbrauch gewesen sind« – ein Psychiater. (Zu diesen vorgefaßten Meinungen gehört angeblich, daß man unangemessenes sexuelles Verhalten des Opfers erwartet, sowie psychologische und soziale Fehlanpassung.)

Leugnung und Ablenkung vom eigentlichen Problem haben mich davon abgehalten, meinen Teil zur Verhütung und zur Heilung von sexuellem Mißbrauch beizutragen. Ich habe geleugnet, daß ich die Lektionen, die ich gelernt habe, und die Heilung, die ich erfahren habe, mit anderen teilen kann. Ich möchte Sie ermutigen, sich zu überlegen, wo Sie Schuld zugewiesen und einen Sündenbock gesucht haben. Setzen Sie die Energie Ihrer Wut dafür ein, kreativ Veränderungen herbeizuführen!

Ob wir beruflich mit Kindern zu tun haben, Gemeindeleiter oder Eltern sind, wir müssen den Tatsachen ins Auge blicken: Sexueller Mißbrauch ist ein Problem in unserer Zeit, das wir als Realität akzeptieren und bekämpfen müssen.

4. Das Klima für Mißbrauch

Was sollte für einen Zwölfjährigen besser sein, als sich in seiner Freizeit in einer Jugendgruppe zu engagieren!

Stefan lebte mit seiner Mutter und Susanne allein, seit sein Vater sie verlassen hatte. Selbst als sein Vater noch bei ihnen gewohnt hatte, war er nicht gerade das gewesen, was man sich unter einem Vater vorstellen würde. Er hatte sowohl Stefan als auch Susanne körperlich mißhandelt. Einerseits gab es jetzt mehr Frieden, seit er weg war, aber andererseits war auch ein wirkliches Gefühl des Verlustes spürbar.

Stefan hatte mitten in der Pubertät schon eine gewisse Unabhängigkeit gewonnen. Er wollte sein wie seine Altersgenossen. Aber er brauchte auch noch die Wärme und Liebe seiner Mutter, besonders seit der Scheidung. Doch die Zurückhaltung seiner Mutter gab ihm das Gefühl, unerwünscht zu sein. Ihre plötzlichen Wutausbrüche erzeugten bei ihm Schuldgefühle. Ihre Niedergeschlagenheit und ihr mangelndes Interesse an etwas anderem als an ihrer Arbeit führte bei ihm zu einem Gefühl der Verzweiflung.

Susanne war unfähig, auf Stefans emotionale Bedürfnisse einzugehen, weil sie durch die Scheidung so verletzt war, daß sie nicht einmal ihren eigenen Gefühlen traute. Sie wünschte sich ein ruhiges Zuhause, und der Lärm, den Stefan machte, ging ihr oft auf die Nerven. Sie fragte sich, ob er eigentlich verstehe, daß sie alles für ihn tue, was sie könne. Es kostete sie alles, nur die Miete zu bezahlen und ein Essen auf den Tisch zu bringen. Was brauchte er noch?

Welch eine Erleichterung, als Kurt sich für ihn interessierte! Mit sechzehn hatte er ein eigenes Auto und eine Teilzeitarbeit. Susanne war erleichtert, daß so ein anständiger Junge Interesse an ihrem Sohn zeigte. Statt ihr auf die Nerven zu gehen, konnten die zwei Jungen zusammen sein. Statt allein zu Hause herumzusitzen, während sie arbeitete, war Stefan bei Kurt. Statt daß Susanne Stefan dauernd herumfahren mußte, war Kurt mehr als bereit, das zu übernehmen. Und was am wichtigsten war: Kurt engagierte sich in der Ortsgemeinde.

Stefan und Kurt waren wie Brüder. Die Zeit, die sie zusammen verbrachten, tat ihnen gut und war kostbar. Kurt hörte Stefan manchmal stundenlang zu. Stefan konnte sogar bei ihm weinen, und Kurt hielt ihn fest. Kurt verstand ihn wirklich! Kurt sorgte sich wirklich um ihn.

Kurt hatte ein wachsendes Interesse an sexuellen Dingen – wie das bei Heranwachsenden normal ist. Stefan war auch neugierig. Ihn reizten die pornographischen Zeitschriften, die bei Kurt herumlagen. Stefan wußte, daß Kurt oft sexuelle Spannung erlebte und versuchte, diese durch Masturbation abzubauen. Stefan erlebte bald selbst den Kreislauf aus Spannung, Vergnügen, Erleichterung und Wohlbefinden. Dann begann Stefan mit Kurt, seinem Vorbild und großem Bruder, sich gegenseitig zu befriedigen.

Susanne wußte, daß Stefan masturbierte – aber taten das nicht alle Jungen in diesem Alter? Sie war einfach froh, daß er einen guten Freund hatte.

Stefan und Kurt unternahmen weiterhin alles miteinander. Als Stefan sechzehn war, half Kurt ihm, eine Arbeitsstelle an dem selben Arbeitsplatz zu bekommen, an dem er auch war. Stefan zeigte bald wenig Interesse an seinem Zuhause und an der Schule. Er wollte nur mit Kurt zusammensein. Niemandem fiel auf, daß Kurt sich nie mit Mädchen verabredete. Jeder dachte, es sei nett, daß sich kleinere Jungen wie Hündchen um Kurt und Stefan scharten.

Doch dann kam der große Schlag. Die Eltern eines kleineren Jungen schöpften wegen Kurts kleiner Herde Verdacht. Ihr Sohn war nach ungewöhnlichen sexuellen Handlungen krank geworden. Deshalb hatte er seinen Eltern davon erzählen müssen. Der Hausarzt stellte die

Eltern zur Rede, als bei medizinischen Untersuchungen Herpes festgestellt wurde.

Der Schock erhöhte sich noch, als die Polizei Kurts Wohnung durchsuchte und dort alle Arten von pornographischem Material fand. Wie konnte sich hinter all dem Guten so viel Böses verbergen?

Ralf und Klara führten, was die meisten Menschen eine glückliche Ehe nennen würden. Sie hatten sich kennengelernt und geheiratet, bevor sie zwanzig waren. Während seines Wehrdienstes konnte Ralf seine kleine Familie durchbringen. Obwohl die Jahre schwer waren, schied Ralf mit einer abgeschlossenen Pilotenausbildung aus dem Militär aus.

Ein Pilotengehalt erlaubte Ralf, Klara und ihren Kindern, David und Nadine, sich ihr Traumhaus auf dem Land zu bauen. Vielleicht würde die Freude über ein eigenes Haus und dem reichen materiellen Segen die Tatsache, daß Ralf oft von Zuhause weg war, ausgleichen.

Klara engagierte sich im Countryclub, in ihrer Gemeinde und in der Schule der Kinder. Aber Klaras Kindheit ohne Geborgenheit und die Jahre der ständigen Umzüge während der Militärzeit begannen sich auszuwirken. Klara ließ nie irgendjemanden zu nahe an sich heran. Das Haus auf dem Land gab ihr die nötige Privatsphäre.

Ralf verbrachte die Hälfte seiner Zeit zu Hause, und die andere Hälfte in der Luft. Die Beziehung der beiden wurde im Laufe der Zeit nicht enger, sondern immer anstrengender. Ralf wollte die verlorene Zeit nachholen, wenn er zu Hause war. Klara merkte, daß sie auf Ralfs sexuelle Wünsche immer kälter reagierte. Wie konnte er von ihr erwarten, sich ihm zu öffnen, wenn sie so unsicher war?

So konzentrierten sie ihre Energie auf ihre Kinder. Nadine interessierte sich für Pferde. Mit dreizehn war sie schon zu einer richtigen jungen Dame herangewachsen – und zu einer ausgezeichneten Reiterin. Ralf schien es nichts auszumachen, daß David so etwas wie ein Mamajunge war, da sich Nadine so sehr für Sport interessierte.

Die Pferde forderten Zeit, Geld und entsprechende Kleidung. Ralf gab Nadine alles, was sie wollte, und richtete es so ein, daß er zu den meisten Reitveranstaltungen zu Hause war. Es war nicht ungewöhnlich, daß Ralf mit Nadine nach Turnieren über Nacht in Motels blieb, statt mitten in der Nacht nach Hause zu fahren. Klara fuhr nicht gern fort und blieb lieber mit David zu Hause.

Aber irgendwie hatte Klara den Eindruck, daß etwas nicht stimme. Nadine wußte für ihr Alter zu viel über Sex. Warum interessierte sie sich für Empfängnisverhütung? Warum liebte sie einerseits ihre Reitturniere und war doch andererseits so nervös, wenn ihr Vater nach Hause kam, um dorthin zu fahren?

Eines Tages fragte Klara Ralf, ob er mit einer anderen Frau ein Verhältnis habe, weil sein Interesse, mit ihr zu schlafen, fast völlig verschwunden sei. Ralf leugnete es.

Nadine empfand die Spannung und stellte sich auf die Seite ihres Vaters. Sie wollte alles tun, um ihre Familie zusammenzuhalten. Als Nadine siebzehn war, konnte sie die Streitereien zwischen ihren Eltern kaum mehr ertragen. Auch Davids Eifersucht auf sie als Papas Liebling wurde für sie unerträglich. Wenn er nur die Wahrheit wüßte! Besser ihr Vater war nur selten zu Hause, als gar nicht mehr. Was würde ihre Mutter unternehmen, wenn Ralf nicht finanziell für sie sorgen würde? Und Nadine liebte die vielen materiellen Vorteile, die ein intaktes Familienleben mit sich bringt.

Die Familie zählte sich zur Kirche – wenigstens sonntags. Nadine glaubte an Gott und nahm einen strengen moralischen Standpunkt ein. Aber bestimmte Dinge verstand sie nicht. Ihr Vater behauptete, Christ zu sein, aber seine moralische Haltung ihr gegenüber widersprach dem, was sie von ihrer Mutter und in der Kirche lernte.

Die Spannung eskalierte, als Nadine mit siebzehn schwanger wurde. Was sollte sie tun? Wie konnte sie ihrer Mutter sagen, daß das Baby von ihrem Vater war? Nadine testete eine mögliche Reaktion ihrer Mutter zuerst einmal damit, daß sie ihr von »einem Freund« erzählte. Es wurde ihr klar, daß sie ihrer Mutter die Wahrheit nicht sagen konnte.

Sie dachte an Abtreibung, aber sie wollte das Baby nicht töten. Selbstmord war ihr nächster Gedanke, aber sie glaubte, damit auch das Leben ihre Mutter zu zerstören. Was würde dann aus ihrem Bruder werden? Sie beschloß, von zu Hause fortzulaufen.

Nadine bekam ihr Baby, erzählte aber nie jemandem, wer der Vater war. Obwohl sie später zurückkehrte und bei ihrer Mutter wohnte, war ihre Beziehung nicht gut. Ralf verließ bald seine Familie. Wer weiß, ob er zu einer anderen Frau oder vor seiner Schuld davonlief?

Die Wahrheit der inzestuösen Beziehung kam erst heraus, als Nadine eine Gruppe für alleinerziehende Mütter besuchte. Sie entdeckte, daß sie nicht die einzige Mutter war, die mit einem schlechten Selbstwertgefühl kämpfte. Sie glaubte schuldig zu sein an der angespannten Beziehung zu ihrer Mutter und an ihrem Haß auf den Vater und war überängstlich im Blick auf ihr Kind.

Sonntagmorgen, Sonntagabend, Mittwochabend, immer, wenn die Türen des Gemeindehauses offen waren, waren Josef und Eva dabei. Eva und Josef engagierten sich und wollten in dem Bereich wachsen, den sie für den wichtigsten hielten – im geistlichen Leben. Eva verbrachte ihre Zeit häufig in Bibelstunden, in der Frauenmissionsgesellschaft, im Chor und mit anderen Gemeindeaktivitäten.

Auch Josef wollte das leben, was er gelernt hatte: Zuerst kommt Jesus, dann kommen die anderen und als letztes du selbst. Josef verbrachte fast all seine Zeit in der Arbeit oder in der Gemeinde. Es war für ihn nichts Ungewöhnliches, drei oder vier Mal in der Woche an Gemeindeveranstaltungen teilzunehmen. Er war immer abrufbereit, um dem Pastor oder den Diakonen zu helfen, ohne Rücksicht darauf, was zu Hause vor sich ging.

Es war nur natürlich, daß ihre Kinder, Thomas und Sandra, zu allen Gemeindeveranstaltungen mitgenommen wurden. Schon als sie noch Babies waren, bestand Josef darauf, daß Eva sie während der Gottesdienste dabei hatte. Schlaflosigkeit, Tränen, Krankheit nichts war Grund genug, die Regel der Familie außer Kraft zu setzten. Thomas und Sandra wurden als die perfekten Kinder in einem perfekten christlichen Zuhause erzogen. Sonntagschule, Kinderbibelstunde, Familienandachten waren das tägliche Brot in ihrem jungen Leben. Als sie anfingen, mit anderen Kindern zu spielen, lernten sie automatisch, ihren Freunden Gottes Heilsplan zu erklären. Ihre Eltern legten eine starke Betonung auf die Trennung von den weltlichen Dingen.

Als perfekte Kinder wurden Thomas und Sandra sehr früh sauber. Thomas war so ein guter kleiner Junge – wirklich Mamas große Hilfe – und paßte immer auf Sandra auf, wenn Eva ihre persönliche Stille Zeit hielt. Thomas und Sandra mußten sehr früh auf Zärtlichkeiten verzichten. Von ihrer frühesten Kindheit an wurden ihre emotionalen Bedürfnisse entweder übergangen oder von Josef und Eva ganz ignoriert. Die Tatsache, daß die Eltern auf die Bedürfnisse ihrer Kinder nach körperlicher Nähe nicht eingingen, änderte nichts an diesen Bedürfnissen.

Solange sie klein waren, konnten die Kinder ihre Gefühle nicht verbergen. Aber angesichts der Drohungen ihres Vaters, sie zu schlagen oder andere disziplinäre Maßnahmen zu ergreifen, lernten sie schnell, sie unter Kontrolle zu behalten. Nach außen hin sah diese Familie wie die »vollkommene Familie« aus. Innerlich waren die Kinder verängstigt und verschüchtert. Weil die Eltern so perfekt erschienen, glaubte niemand, daß sie Bedürfnisse hätten.

Niemand machte sich die Mühe, Fragen zu stellen. Josef und Eva waren emotional von anderen Menschen isoliert. Ihre Vorstellung von Glauben hatte sie von anderen abgeschnitten.

Wenn abends in ihrem Haus Bibelkreise stattfanden, mußten die Kinder ruhig in ihren Zimmern bleiben. Sandra weinte sich oft in den Schlaf, wenn sie in ihr Zimmer geschickt wurde. Thomas' Verantwortungsgefühl für seine Schwester war sehr stark; er konnte ihre Tränen nicht mitansehen. Thomas schlüpfte zu Sandra ins Bett und beruhigte sie. Die körperliche Berührung war für beide so wohltuend. Sandra war davon abhängig, daß Thomas sie liebkoste, sie badete und anzog. Sie führten zu zweit ein eigenes Leben, das niemand mit ihnen teilte.

Im Laufe der Jahre änderte sich die Familiensituation. Während sich alle noch mehr in ihre Aktivitäten stürzten und ihre Gefühle ignorierten, gingen Thomas und Sandra von unschuldigem Trösten zu häufigen sexuellen Handlungen über. Sandra liebte Thomas, weil er sich um sie kümmerte. Sie wußte, daß er Trost brauchte, wenn ihr Vater strenge Disziplin übte oder einen plötzlichen Temperamentsausbruch hatte. Sandra war da und tröstete ihn. Sandra hatte gelernt, daß sexuelle Handlungen ungehörig waren, aber wie sollte sie sich ihrem Bruder verweigern. Er schmollte oder drohte, sie zu zwingen, ihm nachzugeben. Irgendwie war Sandra auch erleichtert, daß sie gezwungen wurde. Ihre gemeinsamen Zeiten waren die einzige Freude, die sie hatte.

Warum geschieht sexueller Mißbrauch? Welches Umfeld fördert sexuellen Mißbrauch? Wenn es auf diese Fragen leichte Antworten gäbe, hätten wir das Problem vielleicht schon längst lösen können. Im Laufe der Jahre gab es zahlreiche Erklärungen, aber keine wurde dem Problem ganz gerecht. Die Antwort muß so komplex sein wie das Problem. Bevor ich einige Theorien, die zu erklären versuchen, warum sexueller Mißbrauch geschieht, vorstelle, will ich zuerst einige Worte über die normale Entwicklung der Sexualität von Kindern sagen.

Sexualität in der Kindheit

Kinder haben auch bezüglich sexueller Dinge eine ganz normale Neugier, die nicht mit unangemessenem oder abnormalem sexuellen Verhalten verwechselt werden sollte. Wenn ein drei- oder vierjähriges Kind zuschaut, wie bei einem jüngeren Geschwisterchen die Windeln gewechselt werden oder wenn es übt, aufs Töpfchen zu gehen, sollten Eltern nicht zögern, mit ihm über anatomische Unterschiede zu sprechen.

Für ein Kind wird Neues oft durch Anschauen oder Berühren erforscht. Die Körperteile zu berühren ist ein normaler Teil der Erforschung und Entdeckung. Das gilt für alle Kinder, auch in der Pubertät.

Wenn Kinder Umarmungen und Küsse suchen, ist das etwas Natürliches, das auch das Beispiel der Eltern nachahmt. Auf Papas Schoß zu sitzen oder leicht bekleidet herumzustolzieren ist für Kinder eine Art, Aufmerksamkeit zu erzielen.

Ein Junge versucht vielleicht, einen Blick auf den nackten Körper seiner Mutter oder seiner älteren Schwester zu erhaschen. Während der Oberstufenzeit zeugt es von natürlicher sexueller Neugier, wenn man sich im Sportunterricht miteinander vergleicht oder den Körper von Vertretern des anderen Geschlechts betrachtet, die den Gang entlanggehen.

Der kindlichen Entwicklung unangemessen wäre es zum Beispiel, wenn das Kind ständig ohne richtige Kleidung herumliefe, an sich selbst oder anderen ständig herumfummelte oder ein übertriebenes Verlangen nach Liebkosungen und Zungenküssen hätte. Das Betrachten von pornographischen Bildern kann durch Neugier oder durch den Druck von Gleichaltrigen ausgelöst werden. (Absicht und Bedeutung sind bei Pornographie und Kunst verschieden.) Aber daß ein Mensch, durch die Pornographie sexuelle Befriedigung findet, hat nichts mehr mit Neugier zu tun.

Sexuelle Gedanken und Phantasien sind auch Teil der menschlichen Natur. Sie sind eine Quelle für momentanes Vergnügen, weisen aber auch in die Zukunft. Sie können von Masturbation begleitet werden oder nicht. Aber sie werden zu einem Problem, wenn sie außer Kontrolle geraten und sich negativ auf andere Lebensbereiche auswirken.[3]

Theorien über das Vorkommen von sexuellem Mißbrauch

Mit diesen kurzen Informationen als Hintergrund wollen wir mögliche Gründe für sexuellen Mißbrauch betrachten.

»Das will das Kind«: Wie kann ein Erwachsener das niedliche, verführerische Verhalten eines kleinen Kindes ignorieren? Ein kleines Mädchen sitzt auf Papas Schoß und fängt an, ihn so zu küssen wie Mama. Ein kleines Kind stolziert nackt herum wie die Fotomodelle im Fernsehen. Ein kleiner Junge saugt am Penis eines Freundes oder sagt seiner Schwester, sie solle an seinem saugen. In Wirklichkeit sucht ein Kind sexuelle Aufmerksamkeit von einem Erwachsenen. Wenigstens glauben das einige. Und wenn ein Kind es herausfordert, ist dann nicht der Wunsch des Kindes selbst die Ursache?[1]

Auf die Theorie, daß das Verhalten eines Kindes sexuellen Mißbrauch herausfordere, gibt es mehrere Antworten. Erstens: Wo hat das Kind dieses sexuelle Verhalten gelernt? Es ist nicht einfach so aufgetaucht. Wenn es das Verhalten aus dem Fernsehen oder aus Büchern und Heften hat, wer hat dieses eindeutige Material eigentlich produziert? Kinder bestimmt nicht. Und wenn ein Kind sich auffällig oder aufreizend benimmt, muß ein Erwachsener oder ein älteres Kind doch nicht darauf eingehen. Ein Kind kann einen Erwachsenen nicht sexuell ausbeuten. Erwachsene haben eine gewisse Kontrolle über sich. Durch ihre Größe, ihr Alter und ihre Autorität haben sie mehr Macht als Kinder. Das Benehmen eines Kindes kann nicht für sexuellen Mißbrauch verantwortlich gemacht werden.[2]

Das willfährige Kind: Eine andere Theorie konzentriert sich auf das sexuell nachgiebige, willfährige Kind. Diese Theorie besagt, daß man die sexuelle Beziehung nicht als *Mißbrauch* bezeichnen solle, wenn der einzelne es nicht als falsch ansehe, oder wenn das Kind bereitwillig zustimme. Diese Theorie geht davon aus, daß ein kleines Kind zwischen richtig und falsch, zwischen gesund und ungesund, zwischen normal und unnormal unterscheiden kann.

Aber von Kindern, die so erzogen wurden, daß sie falsches, ungesundes, unnormales Verhalten übernehmen, kann man nicht erwarten, daß sie es instinktiv anders machen. Wie kann ein Kind, das in einem offenen sozialen Umfeld aufwächst, in dem sexuelle Beziehungen mit jedem, einschließlich mit Kindern, als normal angesehen werden, anders denken?

Und wenn ihre Bedürfnisse, Ängste und Verdorbenheit groß genug sind, stimmen viele Kinder zu, selbst wenn sie argwöhnen, daß ihre Handlungen falsch sind. Ein Kind kann sogar um sexuelle Beziehungen bitten, um in einer Gruppe aufgenommen zu werden. Wenn auf ein Kind physische oder emotionale Gewalt ausgeübt wird, fürchtet es sich vor Brutalität. Um weitere Verletzungen zu vermeiden, ist ein Kind schnell bereit, sexuelle Dienste zu leisten. Ein solches Verhalten sollte dem Erwachsenen angelastet werden und nicht dem Kind. Ein Jugendlicher oder ein Erwachsener sollte eher in der Lage sein, den Mißbrauch zu beenden, selbst wenn das Kind ihn anscheinend will.[3]

Soziale Isolation: Die folgende ist die erste der drei Theorien, die sich auf die Kräfte in der Familie gründet. Die sozial isolierte Familie dreht sich nur noch um ihre eigene kleine Welt. Die Familienmitglieder erwarten voneinander, Bedürfnisse erfüllt zu bekommen. Sie haben ihre eigenen Normen. Wenn sexuelle Handlungen innerhalb der Familie geschehen, werden sie für die Kinder zum normalen Verhalten. Statt sozialer Kontakte mit Gleichaltrigen, bei denen Autonomie und Intimität gelernt wird, wendet sich ein Jugendlicher an seine Familie. In einer solchen Familie wird von einem Kind erwartet, sich innerhalb des gesteckten Rahmens zu bewegen. Jedes In-Frage-Stellen von sexuellen Handlungen würde als Rebellion betrachtet werden.[4]

Rollenverschiebung: Rollenverschiebung tritt dann auf, wenn persönliche Bedürfnisse über die normativen Rollen (Vater, Mutter oder Kind) gestellt werden. Ein Vater, dem die Befriedigung seiner Bedürfnisse wichtiger als seine Rolle sind, denkt vielleicht: *Warum sollte ein Mann nicht in seinem eigenen Haus sexuell befriedigt werden?* und übergeht seine Frau, um in seiner Tochter einen Geschlechtspartner zu finden.

Es kann sein, daß die Mutter krank ist oder ihren Mann sexuell nicht erfüllen kann. Das Kind wird vielleicht vor seiner Zeit als Erwachsene betrachtet. »Wie ihre Mutter« klingt nach einem Kompliment. Aber ein Kind, von dem erwartet wird, daß es Pflichten von Erwachsenen übernimmt, sich zum Beispiel um jüngere Kinder zu kümmern oder den Haushalt versorgen muß, kann plötzlich auch in die Rolle der Geliebten, Ehefrau und Mutter gedrängt werden.

Ein Mädchen im Teenageralter verwendet vielleicht mehr Zeit auf sein Aussehen und wird dadurch zu einer sexuellen Rivalin für seine Mutter. Der Vater setzt sich auf die gleiche Stufe wie seine Tochter und fängt an, seine Frau als seine Mutter zu betrachten. Er findet es bequemer, Mutters kleiner Junge zu sein, weil er dann den Anforderungen der Gesellschaft nicht gerecht werden muß.

In einem anderen Fall fühlt sich eine Frau vielleicht von ihrem Mann abgelehnt, weil er sie mißhandelt, häufig von Zuhause fort ist oder ihre Bedürfnisse nicht erfüllen kann. Sie wendet sich vielleicht um sexuelle Befriedigung an ihren Sohn. Manchmal werden in einem Haushalt, in dem ein Kind von einem Elternteil allein erzogen wird, von dem Kind sexuelle Dienste erbeten. In keinem dieser Fälle verursacht ein Kind den sexuellen Mißbrauch. Es liegt beim Erwachsenen, den Mißbrauch zu verhindern und geeignete Wege zu finden, seine persönlichen Bedürfnisse zu befriedigen.

Druck, die Familie zusammenzuhalten: In einigen Fällen, wie im Fall von Ralf und Nadine, denkt ein Kind vielleicht, daß es sexuellen Mißbrauch erdulden muß, um ein Elternteil davon abzuhalten, die Familie sitzenzulassen, oder um die Familie zu beschützen.

Diese Angst, verlassen zu werden, sollte nicht als die tiefste Ursache sexuellen Mißbrauchs angesehen werden. Kein Kind sollte der Zement sein, der eine Familie zusammenhält. Eine Familie offenbart tiefgehende Nöte, wenn in einem Kind der Glaube geweckt wird, daß Papa sie verlassen oder Schwierigkeiten bekommen würde, oder daß Mama durchdrehen oder sterben würde, oder daß Papa das mit den anderen Kindern machen würde, wenn der Mißbrauch bekannt würde. Eine Mutter, die von einer solchen Situation weiß und nicht für Hilfe sorgt, gilt als genauso schuldig wie der Täter.[5]

Abhängigkeit von sexuellen Verhaltensmustern, innerer Zwang und Entwicklungsstörungen: Diese Theorien, die später genauer besprochen werden, besagen, daß es eine fehlende Hemmung oder eine unzureichende Einübung in ein bestimmtes Verhalten gibt, die zu Mißbrauch führen. Mit anderen Worten: Ein entwicklungspsychologischer Faktor zwingt einen Menschen zu sexuellem Mißbrauch als Mittel zur Befriedigung oder zur Verarbeitung.

Jugendliche Täter: Es gibt mehrere Typen von jugendlichen Tätern. Einige passen vielleicht in die oben genannten Kategorien, andere sind vielleicht eher naive Experimentierende. Der während der Pubertät sehr starke Gruppenzwang, ist ein Faktor für sexuellen Mißbrauch. Das Bedürfnis, Gleichaltrige zu beeindrucken und Anerkennung bei Gleichaltrigen zu finden oder eine Mutprobe zu bestehen, steigert den Druck.

Die sündige Natur: Es gibt noch andere Theorien darüber, warum sexueller Mißbrauch vorkommt, aber letztendlich steht dahinter, daß sexueller Mißbrauch eine Folge der sündigen Natur des Menschen ist. Der Teufel schlägt Kapital aus der Not, in die Menschen geraten, und die sie dazu bringt, sexuellen Mißbrauch geheim zu halten. Wenn sexueller Mißbrauch verheimlicht wird, der Täter unter der unausgesprochenen Schuld und das Opfer unter falschen Schuldgefühlen leidet, kann wenig getan werden, um dem Mißbrauch Einhalt zu gebieten oder Täter und Opfer zu helfen.

Satan ist der große Ankläger, der Vater der Lüge. Er möchte, daß wir vergessen, daß sexueller Mißbrauch Sünde und ein Verbrechen gegen Gottes Schöpfung ist. Wenn wir zugunsten des physischen, emotionalen oder sozialen Problemes das Problem der Sünde und des Verbrechens ignorieren, wird der Teufelskreis nicht unterbrochen. Wir brauchen einen Blick für alle Problemfelder. Wir dürfen die Tatsache nicht aus den Augen verlieren, daß Gottes Schöpfung auch die physischen, emotionalen, sozialen und geistlichen Aspekte des Menschseins einschließt. Alles muß bei der Frage des sexuellen Mißbrauchs betrachtet werden.

Weil sexueller Mißbrauch einen Menschen körperlich und emotional berührt, müssen wir verstehen, daß ein Opfer nicht wieder ganz wird, wenn der Mißbrauch aufhört – dazu können Jahre der Heilung nötig sein. Weil es ein soziales Problem ist, droht es nur noch größer zu werden, so lange es nicht öffentlich gemacht wird und solange sich nicht engagierte Bürger für eine veränderte Rechtsprechung einsetzten. Weil es ein geistliches Problem ist, haben Christen die Pflicht, dem Opfer und dem Täter zu sagen, daß es Hoffnung gibt, weil Jesus Christus vergeben kann.

Fördernde Faktoren zu Hause

Es gibt kein einfaches Schema, mit dem die Familie beschrieben werden kann, in der sexueller Mißbrauch stattfindet. Er kann fast jeden Familientyp betreffen und in fast jedem sozialen Umfeld geschehen. Die drei Fälle am Anfang dieses Kapitels beschreiben offenen sexuellen Mißbrauch, aber alle Formen von Mißbrauch können innerhalb desselben Spannungsfeldes auftreten.

Wenn wir Familien betrachten, in denen Mißbrauch geschieht, erkennen wir einige fördernde Faktoren. Diese treten nicht in allen Familien auf, und sie weisen auch nicht unbedingt auf sexuellen Mißbrauch hin. Eher sind sie typische Indikatoren.

Geringes Selbstwertgefühl: Eltern mit geringem Selbstwertgefühl erziehen Kinder mit geringem Selbstwertgefühl. Menschen mit geringem Selbstwertgefühl setzen oft andere herab, damit sie selbst besser dastehen und sich besser fühlen. Der Erfolg des Mißbrauchs baut beim Täter in einem gewissen Sinne Selbstwertgefühl und Selbstvertrauen auf. Kurt und Stefan in unserem Beispiel erhielten eine gewisse emotionale Bestätigung durch die kleine Anhängerschar. Aber Mißbrauch kann den Täter gleichzeitig abwehrend und überempfindlich gegenüber jeder Art von Kritik machen. Er entwickelt ein falsches Selbstwertgefühl.

Die Persönlichkeit von Kindern, die mißbraucht werden, kann durch das Verhalten, zu dem sie gezwungen werden, zerstört werden. Deshalb suchen sie vielleicht außerhalb der Familie nach einem gewissen Wertgefühl. Gleichzeitig kann die Aufmerksamkeit eines Pädophilen das Bedürfnis des Kindes, etwas Besonderes zu sein, auf falsche Weise befriedigen.

Kinder mit geringem Selbstwertgefühl begrüßen vielleicht die Aufmerksamkeit des Täters. Ein Kind kann nur Aufgaben erfüllen, die seinem Entwicklungsstand entsprechen. Wenn unrealistische Erwartungen an das Kind gestellt werden, wird das Kind vielleicht bestraft oder es spürt, daß es nicht geliebt und angenommen ist. Das Kind wird so gezwungen , außerhalb der Familie Liebe und Annahme zu suchen. Dies trifft auf die Situation bei Thomas und Sandra zu, dem Bruder und der Schwester, die wir als Beispiel aufführten.

Schlechte zwischenmenschliche Beziehungen: Bei schlechten oder oberflächlichen zwischenmenschlichen Beziehungen, besonders zum Ehepartner, kann ein Mensch dazu kommen, neue Beziehungen zu suchen. Erwachsene suchen dann vielleicht bei kleineren Kindern Erfüllung. Ein unverstandenes Kind sucht vielleicht danach außerhalb der Familie bei Menschen, denen es zum Opfer fallen kann.

Unter fehlenden sozialen und emotionalen Kontakten außerhalb der Familie leiden auch Menschen, die zurückgezogen leben. Manche Menschen sind zwar vielleicht in Gruppen oder in Aktivitäten ihrer Gemeinde engagiert, haben aber keine tieferen Beziehungen. Solche tieferen Beziehungen oder Freundschaften sorgen dafür, daß Bedürfnisse ausgesprochen werden und, daß es jemanden gibt, dem gegenüber man verantwortlich ist. Soziale Aktivitäten können ein Deckmantel für das sein, was wirklich in einem Menschen oder in dessen Familie vorgeht.

In Familien, in denen sexueller Mißbrauch vorkommt, gibt das Geheimhalten dem Täter Sicherheit. Opfer und Täter haben ihr eigenes Kommunikationssystem. Die

Wahrscheinlichkeit sexuellen Mißbrauchs erhöht sich, wenn die Einheit der Familie durch den übertriebenen Zusammenhalt zweier ihrer Mitglieder zerstört worden ist.

Emotionale Überbelastung: Emotionaler Druck, wie er durch eine Krise oder eine Reihe von Krisen entsteht, kann eine Familie übermäßig belasten. Eine solche Überbelastung kann sich durch Wut oder die Demonstration von Macht, die sich in sexuellem Mißbrauch äußert, Luft verschaffen. Ein Erwachsener kann bei einem Kind auch Geborgenheit und Liebe, die sich sexuell äußert, suchen.[6]

Besondere Bedürfnisse: Kinder mit besonderen Bedürfnissen oder körperlichen Behinderungen werden leicht zur Beute von sexuellem Mißbrauch. Manche Kinder können diesen Mißbrauch nicht verraten, andere betrachten ihn vielleicht als normal, oder sie werden von dem »Trost,« den er bringt, abhängig.

Karin war von Geburt an stumm. Weder sie noch ihre Mutter hatten gelernt, sich problemlos mit Zeichen zu verständigen, und so konnte sie ihrer Mutter nicht von dem sexuellen Mißbrauch durch ihren Onkel erzählen. Als Karin bei fortgesetztem Mißbrauch immer bedrückter wirkte, konnte sich ihre Mutter ihre Traurigkeit nicht erklären. Einer Bekannten in der Gemeinde, die bei Gottesdiensten die Predigt in Zeichensprache übersetzte, fiel das Kind auf. Sie war selbst als Kind das Opfer von Inzest gewesen und erinnerte sich gerade damals an diese Zeit ihres Lebens. Sie schöpfte bald Verdacht, daß Karin mißbraucht werde. Mit Hilfe eines Buchs für Taubstumme zum Thema Sexualität und nach geduldigem Eingehen auf die besondere Lage des Kindes konnte der Mißbrauch aufgedeckt und der Onkel angezeigt werden.

Eine längere Abwesenheit der Mutter oder des Vaters von zu Hause kann Mißbrauch ebenfalls fördern. Noch stärker können Krankheit oder Tod eines Ehepartners das Klima für Mißbrauch begünstigen, wenn die Liebesbedürfnisse des verbliebenen Elternteils und der Kinder nicht angemessen befriedigt werden.

Bedürfnis nach Aufmerksamkeit: Ein weiterer Grund für sexuellen Mißbrauch ist das unbefriedigte Bedürfnis nach Aufmerksamkeit und Anerkennung. Ein Ehepartner, der in sexueller Hinsicht keine Aufmerksamkeit findet, sucht sie vielleicht außerhalb der Ehe. Unabhängig davon, ob der Mangel an Aufmerksamkeit zufällig oder absichtlich entstanden ist, er kann zu Mißbrauch führen. Ein Kind, das Aufmerksamkeit und Liebe braucht, geht bereitwillig auf jede ihm gezeigte Aufmerksamkeit ein. Die Zuwendung des Kindes zum Täter kann diesem tatsächlich das geben,was er vermißt.

Suchtprobleme: Alkoholismus oder andere Suchtprobleme können innerhalb eines bestimmten Rahmens Faktoren für Mißbrauch sein. Es ist interessant, daß an den ersten beiden Stellen in der Bibel, an denen Inzest erwähnt wird, Alkohol im Spiel ist (1. Mose 9,21-27; 19,30-36). Untersuchungen haben jedoch herausgestellt, daß Alkoholismus eine Ausrede sein kann, um die Schuld des sexuellen Mißbrauchs abzuwälzen. Drogen (besonders Kokain) können das Schmerzempfinden trüben und Grundbedürfnisse zum Vorschein bringen. Manchen Menschen nehmen sie die Hemmung, spontanen Impulsen entsprechend zu handeln. Es sind auch andere Fälle bekanntgeworden, in denen Kinder unter Drogen gesetzt und von Gruppen in bestimmten Riten sexuell mißbraucht wurden. Obwohl Suchtprobleme keine direkten Ursachen sind, können sie doch psychosoziale Fehlfunktionen anzeigen. Aber weder Alkoholismus, noch Drogenkonsum sollten mißhandelndes Verhalten entschuldigen können.

Einige Ähnlichkeiten im Vergleich von Familien, in denen Alkoholiker leben, mit Familien, in denen Inzest vorgekommen ist, sind festzuhalten:

1. Die Generationsgrenzen sind verschwommen.

2. Die Ehepartner gehen nicht aufeinander ein und werden ihrer Rolle als Eltern nicht gerecht.
3. Die eheliche sexuelle Beziehung verschlechtert sich.
4. Hemmungen werden unterdrückt oder ganz ausgeschaltet.
5. Familiengefühle werden erstickt oder pervertiert.
6. Probleme werden verleugnet, die Verhältnisse geheimgehalten.
7. Die Rollenverteilung innerhalb der Familie ist ungewöhnlich und unflexibel.
8. Die Familie gerät in die Isolation.
9. Die Familie kann sich selbst aus ihrem krankhaften Zustand nicht befreien.
10. Die Beziehung zwischen den Geschwistern wird krankhaft gestört.
11. Die Familienmitglieder halten entweder krampfhaft zusammen oder trennen sich.
12. Vertrauen und Intimität sind gestört.
13. Abhängigkeitsprobleme treten auf.[7]

Unzuverlässigkeit und Disziplinmangel: Opfer von sexuellem Mißbrauch erzählen oft, daß sie in Familien aufgewachsen sind, in denen die Mutter und/oder der Vater zu streng oder prüde waren, vielleicht als Ergebnis einer zu gesetzlichen oder fundamentalistischen Erziehung. Ein Elternteil, das die Familie mit Furcht und Druck regiert, hindert das Kind oder den Ehepartner vielleicht daran, über Mißbrauch zu sprechen.

Andere Opfer berichten, daß ihren Eltern Fragen der Disziplin egal waren und daß sie selbst diesen Mangel erst später empfunden hätten. Oder sie erwähnten Eltern, die in ihrem Erziehungsstil nicht konsequent waren. Unzuverlässigkeit ist für ein Kind verwirrend, besonders wenn moralische Werte betroffen sind. Eltern, die gegensätzliche Ansichten über Geschlechtsverkehr vertreten oder ihn als schmutzig betrachten, können diese Ansichten auf ihre eigenen Kinder übertragen.

Mangelnde Privatsphäre: Gemeinsame Schlafgelegenheiten bieten weder Eltern noch Kindern die nötige Privatsphäre. Wenn sexuelle Intimität jederzeit möglich ist, wird es für Eltern und für Kinder schwerer, sich ihren augenblicklichen Wünschen zu widersetzen.

Andere Faktoren: Angestaute Wut, Eltern, die für ihre Aufgabe noch zu jung sind, mangelnde Liebe und andere Probleme, wie wir sie in den Situationen am Anfang dieses Kapitels genannt haben, können alle das Klima schaffen, in dem Mißbrauch gedeiht.

Jedes Elternteil ist möglicherweise in der Lage, irgendwann ein Kind zu mißbrauchen. Die meisten Eltern, die ihre Kinder mißbrauchen, gelten als normal, relativ wenige werden als geisteskrank betrachtet. Mißbrauch, egal in welcher Form, kann in den unterschiedlichsten Familien vorkommen. Gewöhnlich spiegelt der Mißbrauch wider, wie der Täter gelernt hat, mit innerem Druck umzugehen, oder wie er seine Bedürfnisse als Heranwachsender zu stillen lernte.

Wie wir sehen, wird es schwer, zum Kern des Problems vorzudringen, da es kein typisches »Familienklima« gibt, in dem sexueller Mißbrauch gedeiht. Das Opfer, der Täter und das gesamte Familiengefüge benötigen Hoffnung und Hilfe, um sexuellen Mißbrauch zu verhindern und dort die Wunden zu heilen, wo er schon stattgefunden hat.

5. Tätermerkmale

Es ist mehr als ein bestimmtes »Klima« nötig, damit sexueller Mißbrauch geschieht. »Der Teufel hat mich geritten«, ist keine angemessene Erklärung für ein solches Verhalten. Es gibt Gründe für sein Vorkommen, die in vielen Fällen gemeinsam sind, und typische Merkmale von Menschen, die Kinder sexuell mißbrauchen. Nicht alle Menschen mit den folgenden Eigenschaften sind Kindesmißhandler, noch werden sie Kinder unausweichlich irgendwann sexuell mißbrauchen. Genauso weisen nicht alle Täter alle diese Eigenschaften auf. Trotzdem ist es hilfreich zu erkennen, auf welche Gemeinsamkeit die Forschung hingewiesen hat.

Fördernde Persönlichkeitsfaktoren

Schlechtes Vorbild durch die eigenen Eltern: Untersuchungen zeigen, daß der Täter oder die Eltern des Opfers oft selbst in ihrer Kindheit mißbraucht wurden. Hank Giarretto, der seit über fünfzehn Jahren mit Familien arbeitet, in denen Kindesmißbrauch vorkommt, verfügt über Daten, die zeigen, daß ungefähr fünfundneunzig Prozent der Eltern von Opfern von sexuellem Mißbrauch selbst Opfer eines solchen Mißbrauchs gewesen sind.[1] Es ist nicht so, daß ein Mensch sich dafür entscheidet, sein eigenes Kind sexuellem Mißbrauch auszusetzen. Für einige ist es die einzige Lebensweise, die sie kennen. Sie betrachten es vielleicht als normal – oder unausweichlich -, daß ein Kind sexuell mißbraucht wird.

Sich isolierende Persönlichkeiten: Es gibt Menschen, die sich selbst von anderen isolieren und meinen, daß niemand von ihren Problemen wissen sollte. Diesen Menschen fehlt eine tragende enge Bindung. Gerade Christen geraten leicht in den Teufelskreis des sexuellen Mißbrauchs, wenn sie glauben, daß sie um jeden Preis ein glückliches, frohes Leben führen sollten. Wenn Schwierigkeiten auftreten, glauben sie, es sei ihre Aufgabe, den Schmerz und das Leid (den Verlust des Arbeitsplatzes, den Tod eines Freundes, einen Verkehrsunfall) zu ignorieren, für sich zu behalten oder sich davon abzulenken. Einige haben Eltern oder Freunde, die sie ignorieren oder sich über sie lächerlich machen, wenn sie über Schwierigkeiten sprechen. Es kann sein, daß diese Menschen ihre Gefühle dann an ihren eigenen Kindern abreagieren, oder deren emotionale Bedürfnisse auf sexuelle Weise befriedigen.

Kompensation für Ablehnung: Ablehnung kann viele Formen annehmen: Scheidung, Ablehnung eines Heiratsantrages, Ablehnung durch die Eltern, sexuelle Ablehnung oder soziale Ablehnung. Wenn ein Mensch abgelehnt wird, ist es nur natürlich, daß er sich hierfür einen Ausgleich sucht, da der Mensch mit dem Bedürfnis nach Beziehungen und dem Bedürfnis, gebraucht zu werden, geschaffen wurde. In einer solchen Situation kann er feststellen, daß er oder sie z.B. bei Minderjährigen sexuell aufgenommen ist. Der Abstand zur Erwachsenenwelt wird damit vergrößert.

Unfähigkeit, Rollengrenzen festzulegen: Bei den männlichen Inzesttätern kommt es häufig vor, daß sie Schwierigkeiten haben, zwischen den Rollen ihrer Frau und ihrer Tochter zu unterscheiden. Das kann auf zweierlei Art geschehen. Im ersten Fall überläßt der Mann seiner Frau die Rolle einer Mutter. Er fühlt sich als »kleiner Junge« wohl, der nicht die normalen sozialen oder familiären Erwartungen erfüllen muß. Wenn die Frau zur Mutter wird, passiert es leichter, daß die Tochter zur Geliebten wird.

Im zweiten Fall hat der Mann grundsätzlich Schwierigkeiten, seine Frau zu verstehen. Manchmal versteckt er das hinter einer dominierenden Haltung. Er läßt seine Frau wissen, daß er keine Abweichung von seinen Vorstellungen duldet, wie der Haushalt zu führen ist. Seine Frau betrachtet er vielleicht als unfähig, ihn emotional zu befriedigen. Gleichzeitig kann es sein, daß die Frau ihren Mann emotional allein läßt.

Ein solcher Mensch kann überdurchschnittlich fähig sein, wobei eine Fassade als Supervater oder Superehemann ein dahinter verborgenes Gefühl der Unzulänglichkeit verbirgt. Wer diesen Elternteil nur von außen betrachtet, meint, er habe alles gut im Griff. Aber durch das Auseinanderklaffen von Außen und Innen kann die Voraussetzung für Mißbrauch in der Familie geschaffen werden. Egal, ob der Elternteil, der sein Kind mißbraucht, von seinem Ehepartner dominiert wird, oder ob er diesen dominiert, er kann seiner Aufgabe als Erzieher nicht gerecht werden.

Ein falsches Verständnis von Sexualität: Für Menschen, die sich eines Sexualdelikts schuldig machen, ist Sexualität oft nur auf oberflächliche Befriedigung reduziert. Ob verheiratet oder ledig, männlich oder weiblich, die sexuelle Beziehung und Befriedigung sind häufig das Hauptinteresse dieser Menschen.

Ein sich Wehren gegen Machtlosigkeit: Gefühle der Machtlosigkeit und ein Mangel an Kontrolle führen zu Angst vor Zerstörung. Ohne Macht fühlt man sich hilflos. Ohne Kontrolle fühlt man sich wie eine Schachfigur. Es entwickelt sich zum Zwang, Macht und Kontrolle zurückzugewinnen. Einem solchen Menschen kann sexueller Mißbrauch als Antwort erscheinen. »Es besteht die Vorstellung, daß der sexuelle Mißbrauch eines Kindes durch den Vater der äußerste Ausdruck der Wut gegen seine Frau ist. Dieser Mißbrauch setzt ihren Wert als Mensch, als Ehefrau und als Mutter herab.«[2] Ein Kind, d.h. einen Menschen, den man leicht überwältigen kann, zu mißbrauchen, ist leichter, als im Kampf mit einem Ehepartner oder Gleichaltrigen Macht zu gewinnen. Es ist einfacher, ein Kind zu mißbrauchen, als sich gegen einen moralischen Kodex aufzulehnen, der sexuelle Befriedigung einschränkt.

Mangelnde Identität: Wir alle brauchen die Bestätigung unserer Identität, unserer Individualität, des Wissens, wer wir sind. Der Aufbau einer sexuellen Beziehung zu einem jüngeren Menschen vermittelt den Eindruck, jemand zu sein. Wenigstens kann der Täter es sexuell mit einem Kind aufnehmen. Irgendwie ist in unserer Gesellschaft eine sexuelle Identität wichtiger geworden als jede andere Identität.

Süchtige Persönlichkeit: Patrick Carnes beschreibt Inzest und sexuellen Mißbrauch als Folge einer süchtigen Persönlichkeit. Der sexuell Süchtige ist einem Zyklus ausgeliefert, der in vier Abschnitte eingeteilt werden kann:

1. Gedankliche Fixierung – Der Zustand oder die Stimmung, in der die Gedanken des Süchtigen sich nur um Sex drehen. Dieser geistige Zustand schafft eine besessene Suche nach sexueller Stimulierung.

2. Ritualisierung – die eigenen eingespielten Verhaltensweisen des Süchtigen, die sein sexuelles Verhalten begleiten. Das Ritual verstärkt die gedankliche Beschäftigung mit Sex und erzeugt zusätzlich Erregung und Spannung.

3. Zwanghaftes sexuelles Verhalten – der tatsächliche Geschlechtsakt, der das Endziel der gedanklichen Beschäftigung und der Ritualiesierung ist. Sexuell Süchtige sind unfähig, dieses Verhalten zu kontrollieren oder abzulegen.

4. Verzweiflung – das Gefühl der völligen Hoffnungslosigkeit, das Süchtige angesichts ihres Verhaltens und ihrer Machtlosigkeit empfinden.[3]

Außerdem gibt es nach Cornes drei Ebenen der Abhängigkeit mit unterschiedlichen Verhaltensmustern, Risiken und gesellschaftlicher Bewertung.

Stufe *eins* – Masturbation, heterosexuelle Beziehungen, Pornographie, Prostitution und Homosexualität. Auf Stufe *zwei* Exhibitionismus, Voyeurismus, obszöne Telefonanrufe und ungeziemende Freiheiten. Auf Stufe *drei* – Kindesmißbrauch, Inzest und Vergewaltigung.[4]

Dieses Modell sexueller Abhängigkeit hat aus mehreren Gründen viel Kritik geerntet. Erstens stellt es Sex als Sucht dar. Doch der Entzug von Sex führt nicht zu körperlichen Entzugserscheinungen. Zweitens gibt es keine klinischen Befunde im Sinne von psychologischen oder physiologischen Daten , die für sexuelle Sucht sprächen.[5] Außerdem fehlt diesem Modell natürlich jede moralische oder geistliche Dimension.

Sexuelles Zwangsverhalten: Diese Theorie besagt, daß einem Täter die Kontrolle über sein sexuelles Verhalten fehlt. Die Vertreter dieser Theorie sehen Angst als primäre Ursache für das Zwangsverhalten an. Die Kriterien, mit denen ein Verhalten als »zwanghaft« beurteilt wird, sind jedoch höchst subjektiv. Wenn man dem Täter zugesteht, keine Kontrolle zu haben, entbindet man ihn seiner Verantwortung.

Abweichendes sexuelles Verhalten als Folge kindlicher Traumata: Nach diesem Modell wird die Neigung zum Mißbrauch dadurch verursacht, daß man während der Kindheit Mißbrauch und Gewalt erlebte. Die Erfahrung von Mißbrauch führt zu Vertrauensverlust, verringertem Einfühlungsvermögen und zur Hinwendung zu sich selbst, um persönliche Bedürfnisse zu befriedigen. Antisoziales Verhalten und verwandte Störungen wie Perfektionismus, die Unfähigkeit, Kritik zu ertragen, Flucht in eine Phantasiewelt, das Idealisieren von Beziehungen, ein schlechtes Selbstwertgefühl trotz grandioser Vorstellungen, abnehmendes Vertrauen und ein Bedürfnis nach fest strukturierten Situationen, können sich aus den kindlichen Störungen entwickeln.

Die starke Beschäftigung mit Sexualität wird zu einem Verarbeitungsmechanismus. Da die Phantasie immer hemmungsloser wird, kann der Täter dazu kommen, ein Opfer zu suchen, an dem er seine sexuellen Phantasien ausleben kann. Vom ersten entwicklungspsychologischen Problem bis zu dem Schritt, Phantasien tatsächlich auszuleben, kann eine lange Zeit verstreichen.

Wenn die Phantasie ausgelebt wurde, zieht sich der Täter zurück. Dieser körperliche oder emotionale Rückzug führt zu dem Bedürfnis, wieder neue Phantasien zu entwickeln, um das Gefühl der Niedergeschlagenheit zu kompensieren. Wenn man das Muster dieser sexuellen Flucht von Kindheit an gelernt hat, ist es immer wieder möglich, daß ein neues Opfer gefunden werden muß, um sie auszuleben.

Tätertypen

Genauso wie es verschiedene Arten des Mißbrauchs, des Klimas für Mißbrauch und mögliche Gründe für Mißbrauch gibt, gibt es auch verschiedene Tätertypen. Man spricht entweder von *Fixierung* oder von *Regression,* je nach der primären sexuellen Orientierung und soziosexuellen Entwicklung des Täters.

Fixierte Täter sind Menschen, deren sexuelle Orientierung ausschließlich oder hauptsächlich auf Kinder zielt, während sie nur begrenzte sexuelle Kontakte zu Gleichaltrigen pflegen. Regressive Täter beginnen sexuelle Handlungen mit jüngeren Sexualpartnern, nachdem sie zu Gleichaltrigen sexuelle Beziehungen hatten. Einige ziehen sich in dieses Verhalten zurück, nachdem eine Beziehung zu einem gleichaltrigen Partner gescheitert ist. Andere tun diesen Schritt nur unter außergewöhnlichen Umständen und nur für eine bestimmte Zeit.[5a]

Der erste Schritt zum Mißbrauch

Die meisten Fälle des sexuellen Mißbrauchs beginnen sehr subtil. Um das Vertrauen eines Kindes zu gewinnen, kann ein möglicher Täter manipulierend, überredend und betörend sein. Kinder lernen jahrelang, daß sie von Fremden keine Süßigkeiten annehmen und von schmutzigen alten Männern fernbleiben sollen. Aber Fremde und schmutzige alte Männer sind nicht die häufigsten Täter. Süßigkeiten sind keine so interessanten Lockmittel. Die Aggressoren und ihre Tricks sind viel subtiler, was es auch für Erwachsene so schwer macht, die Gefahr in der Situation zu erkennen.

In einer Untersuchung von 250 Tätern war deren Durchschnittsalter einunddreißig Jahre. Zwanzig Prozent der Täter waren zwanzig Jahre alt. Nur zehn Prozent waren über fünfzig. In fünfundsiebzig Prozent der 250 Fälle war der Täter der Familie des Kindes bekannt. Verschiedene Untersuchungen zeigen, daß siebzig bis achtzig Prozent der mißbrauchten Kinder von Menschen mißbraucht wurden, die sie kannten, liebten und denen sie vertrauten. In vielen Fällen benutzte der Täter Gewalt, die Androhung von körperlichen Schmerzen oder eine Verdrehung der moralischen Werte. Andere Opfer wurden mit Geld oder Geschenken bestochen. In einigen Fällen wurde die natürliche Anhänglichkeit des Kindes geschickt ausgenutzt.[6]

Der folgende Bericht einer Frau über ihre Erfahrungen als Kind zeigt, wie das Interesse des Täters an ihr als harmlos, anfangs sogar als liebevoll erschien.

> Ich wuchs in einer konservativen christlichen Familie auf. Ich war das jüngeste von vier Mädchen. Wir hatten eine sehr liebevolle Familie. Papa war Diakon, Kassenwart, Gremiumsvorsitzender, Jungscharleiter und Mitglied des Kirchenchores. Bei seinen vielen Verantwortungen war er fast jeden Abend außer Haus.
>
> Mama war müde, wenn sie geputzt und ihre Hausarbeit erledigt hatte. Wenn wir von der Schule nach Hause kamen, hieß es: »Geht hinaus und spielt.« »Macht das Haus nicht schmutzig!« »Bringt keine Freunde nach Hause; die machen zu viel Lärm!« Wenn ich mit einem aufgeschlagenen Knie hereinkam, wurde es abgewa-

schen, und ich wurde mit einem Keks wieder hinaus geschickt (statt mit einer Umarmung oder einem Kuß).

Ich fühlte mich ungeliebt. Niemand kümmerte sich um mich, bis mein Nachbar, der über der Straße wohnte, sagte: »Komm doch zu uns. Du kannst unseren Hund ausführen oder uns im Garten helfen.« Es war so schön, erwünscht zu sein. Er wollte wirklich, daß ich bei ihnen war! Er und seine Frau führten mich zum Essen aus und kauften mir besondere Geschenke. Es war ein großartiges Gefühl, etwas Besonderes zu sein. Er sagte mir, ich sei etwas Besonderes, und behandelte mich auch so. Das wurde mir zu Hause nie bestätigt. Ich vertraute ihm.

Als ich neun oder zehn war, änderten sich die Dinge. Er zeigte mir unanständige Bilder. Er wollte sehen, wie ich mich entwickelte. Bevor ich wußte, wie mir geschah, streichelte er mich. Er sagte: »Mach mich glücklich. Hier, ich zeige dir, wie!« Eines führte zum nächsten. Ich saß in der Falle! Ich genoß diese besondere Zeit, aber irgendwie wußte ich, daß es nicht richtig war. Er sagte mir: »Das ist unser besonderes Geheimnis. Erzähl nie jemandem davon.«

Als ich vierzehn war, wurde mein Vater in einen anderen Bundesstaat versetzt. Niemand konnte verstehen, warum Gott unsere Familie so entwurzelte. Preis dem Herrn, daß er das tat! Das hat mich wahrscheinlich davor bewahrt, in dieser schrecklichen Gefangenschaft weiterleben zu müssen. Ich habe dieses Geheimnis dreiundzwanzig Jahre lang für mich behalten.[7]

Eine Möglichkeit, zum Mitmachen zu bewegen, besteht darin, den Mißbrauch in ein Spiel zu wandeln: Wer kann sich am schnellsten ausziehen, wer ist am kitzligsten, wer kann am weitesten schießen, wer »fühlt die Bälle« oder »leckt am Lutscher?« Zärtlichkeiten, Zuneigung oder Geschenke erreichen gerade bei Kindern, die so etwas zu Hause nicht erfahren, daß sie das Geheimnis für sich behalten.

Um sexuellen Kontakt möglich zu machen und um es zu schaffen, ohne andere Erwachsene mit dem Kind allein zu sein, lassen sich die Täter einiges einfallen. Oft entwikkeln Täter in Kontakt zu Kindern Besitzansprüche. Das tritt vor allem auf, wenn ihre heranwachsenden Töchter anfangen, sich mit Jungen zu verabreden. Es gibt Fälle, in denen Väter ihre Töchter noch mißbrauchten,als diese bereits verheiratet waren. Für manche Tochter findet der Mißbrauch erst ein Ende, wenn sie davonlaufen. Andere finden es schwierig, überhaupt zu heiraten oder eine dauerhafte Ehe zu führen.

Johanna heiratete zum Beispiel , weil sie glaubte, damit ihrem sie sexuell mißbrauchenden Stiefvater entrinnen zu können. Bald stand sie aber zwischen einem eifersüchtigen, sie körperlich mißhandelnden, drogenabhängigen Ehemann und einem erpresserischen Stiefvater. Die Wahrheit kam erst ans Licht, als sie nach einer körperlichen Mißhandlung in der Notaufnahme landete und ihr Stiefvater versuchte, sie in die Psychiatrie einweisen zu lassen.

Pädophile sind normalerweise nett zu Kindern. Statt zu Objekten sexuellen Mißbrauchs zu werden, werden Kinder als vollwertige Personen behandelt. Die Aufrechterhaltung einer weitergehenden Beziehung ist für den Pädophilen von Interesse. Es ist eine Investition starker Gefühle mit einer starken erotischen Komponente.

Kinderpornographen gehen ihrer Arbeit manchmal mit voller (bezahlter) Zustimmung der Eltern nach. In anderen Fällen arbeiten sie hinter dem Rücken der Eltern. Diese Eltern verkaufen vielleicht die Dienste ihres Kindes als Modell, ohne zu wissen, welche Fotos hinter verschlossenen Türen aufgenommen werden. Eine Frau erzählte, daß sie, während sie in einem Waisenhaus wohnte, für eine Gesangsgruppe photographiert wurde – unschuldig wie sie war. Zum zweiten Teil der Bilder gehörte eine gemeine sexuelle Ausbeutung durch Erwachsene.

Wenn man bei jemandem kinderpornographisches Material findet, kann das ein Hinweis für die sexuellen Neigungen des Besitzers sein. Diese Bilder stimulieren angeblich die sexuelle Beziehung zwischen dem Betrachter und Kindern. Der Zusammenhang zwischen sexuellem Mißbrauch und pornographischem Material wird untersucht, bisherige Ergebnisse waren aber nicht aufschlußreich. Brown fand heraus, daß dreiundvierzig Prozent der Opfer von Vater-Tochter-Inzest gebeten worden waren, für Pornographie zu posieren. Er stellte auch fest, daß von einunddreißig Prozent verlangt worden war, das zu tun, was sie auf den pornographischen Bildern, in Filmen oder in Büchern gesehen hatten.[8] Obwohl keine kausale Verbindung gefunden wurde, können wir nicht sicher sein, daß eine Beziehung zwischen sexueller Gewalt und Pornographie nicht existiert.[9]

Obwohl bisher noch wenig von Gewalt die Rede war, setzen doch einige Täter auch Gewalt ein, um Zugang zu einem Kind zu bekommen. In einigen Fällen wird die Aggression erotisch, wobei der Täter Erregung und Vergnügen empfindet, wenn er dem Kind weh tut. Das Kind kann auch ein Zielscheibe für die Wut des Täters sein. Diese Wut richtet sich vielleicht nicht gegen das Kind selbst, sondern es wird lediglich als Objekt benutzt, an dem man sich abreagiert. Zu dieser Gruppe von Tätern gehören wohl auch diejenigen, deren sadistische Neigungen zu Folter, Verstümmelung und Mord führen.

Inzestarten

Wir haben uns im vorangegangenen Teil mit den Eigenschaften von Tätern beschäftigt, die ein Sexualdelikt verübt haben. Ich kann die Verteidigungshaltung auf seiten derer verstehen, die meinen, daß wir unfairerweise nur Beispiele von männlichen Tätern benutzt haben. Aber die meisten bekannten Täter sind männlich. (Die Daten weisen auf über fünfundsiebzig Prozent hin[10], wobei diese Zahl vielleicht deshalb unzulänglich ist, weil Mütter, die von dem Mißbrauch wissen und ihn weiter zulassen in einigen Bundesstaaten auch als Täter eingestuft werden.) Brown, der eine ausführliche Untersuchung bei weiblichen Opfern durchgeführt hat, stellte fest, daß nur ein Prozent durch Frauen mißbraucht worden war. Das kann auf das Widerstreben zurückzuführen sein, den sexuellen Mißbrauch durch Frauen zu melden, oder dadurch, daß weiblicher inzestuöser Mißbrauch leichter wegerklärt werden kann.[11] Eine Analyse der offiziellen amerikanischen Berichte zwischen 1976 und 1982 besagt, daß siebenundsiebzig Prozent der Täter Eltern waren, siebenundfünfzig Prozent von ihnen waren leibliche Eltern.[12]

Vater-Tochter-Inzest ist die häufigste Inzestsituation. Während vom Vater erwartet wird, ein beschützender, fürsorglicher und liebender Elternteil zu sein, ist er in Gefahr, die Grenze zum Mißbrauch zu überschreiten. Ohne Annahme der Vaterrolle und ohne Verständnis für die normale Entwicklung eines Kindes kann ein Mann intime Interessen an seiner eigenen Tochter entwickeln. Er erwartet von ihr, ihm zu vertrauen, mitzumachen, keine Fragen zu stellen.

Der Mißbrauch beginnt normalerweise mit der ältesten Tochter wenn es in einer Familie mehr als eine Tochter gibt. Schließlich können heimlich alle einbezogen werden. Es gibt Fälle, in denen Väter ihre Schuld nicht einsahen, da sie es als ihr Recht und ihre Verantwortung hielten, ihre eigenen Töchter sexuell einzuführen.

Vater-Sohn-Inzest ist angeblich häufiger als Mutter-Sohn-Inzest.[13] Gegenseitige Masturbation unter Jugendlichen muß nicht unbedingt auf unnormale sexuelle Neigungen hindeuten, sondern kann auch lediglich eine Befriedigung natürlicher Neugier sein. Aber wenn ein Mann seinem jungen Sohn Masturbation, oralen oder analen Sex aufzwingt, ist das Inzest.

Über Fälle von Mutter-Sohn-Inzest wird nur selten berichtet.[14] Ob das daran liegt, daß dies selten vorkommt, oder ob einfach nicht darüber gesprochen wird, ist unklar. Mütter, die zu ihren Söhnen eine derartige Beziehung aufbauen, haben entweder ausgeprägte mütterliche Triebe, oder sie brauchen einen »lover«. Mutter-Tochter-Inzest gilt als sehr selten.[15] Ob das Ansteigen sowohl der Zahl der alleinerziehenden Mütter als auch der Akzeptanz homosexuellen Lebensstiles sich auf diese Zahlen auswirkt, bleibt abzuwarten.

In der Vergangenheit sah man Inzest unter Geschwistern nicht wirklich als Problem an. Aber je mehr Täter und Erwachsene, die früher Opfer von Inzest waren, ihre Geschichten erzählen, um so mehr Berichte über Inzest unter Geschwistern werden bekannt. Mit einem Geschwisterteil intim zu werden, war für manche einfach eine Weise, sich um die Schwester oder den Bruder zu kümmern. Vielleicht wird diese Handlung zum Trost nach körperlicher oder verbaler Mißhandlung. Vielleicht stammt sie aus sexueller Neugier. Andere benutzen sexuellen Mißbrauch vielleicht als Mittel, ihre Macht zu demonstrieren. Man muß sich bewußt machen, daß Täter, die Geschwister zum Inzest gebracht haben, genauso viel Hilfe benötigen wie andere.

Onkel, Cousins und Großväter sind andere Täter in Fällen von Inzest. Wie oft erwartet man von Kindern, ihre Verwandten zu umarmen und zu küssen oder auf Opas Schoß zu sitzen! Kinder werden aufgefordert, ihren Eltern zu gehorchen und das zu tun, was man von ihnen erwartet, doch manchmal können sie instinktiv sagen, daß etwas nicht ganz in Ordnung ist.

Ich sprach eines Tages mit einer Freundin über sexuellen Mißbrauch. Ihre zwölfjährige Tochter schnappte einen Teil unseres Gespräches auf. Sie mischte sich in das Gespräch ein und erwähnte, wie unwohl sie sich bei einem bestimmten Onkel fühle. Die Mutter, die vorher gezögert hatte, über Mißbrauch zu sprechen, hörte ihrer Tochter verständnisvoll zu. Sie bekam die Erlaubnis, den Onkel nicht umarmen zu müssen. Nachdem die Tochter das Zimmer verlassen hatte, gestand meine Freundin ein, daß sie als Kind von genau diesem Onkel mißbraucht worden war.

An der Grenze zum Inzest stehen Lebensgefährten des alleinerziehenden Elternteiles, Stiefeltern, Stiefbrüder und Stiefschwestern. Durch Scheidung oder durch andere Krisen sind sie bereits emotional angegriffen, kann die natürliche Schranke zum sexuellen Mißbrauch fallen.

Die Eigenschaften der Täter begrenzen sich nicht auf die, die in diesem Kapitel beschrieben wurden. Aber ich hoffe, daß das Gesagte Ihnen helfen kann, auf mögliche Täter aufmerksam zu werden. Wer auch der Täter sein mag, es gibt keine Entschuldigung für dieses ständig weitergehende Verbrechen an Kindern, eine Verletzung, die diese Kinder ihr ganzes Leben lang verfolgt. Ob ein Täter einen einzigen Mißbrauch begeht und ihn geheim hält, ob er in einer Gruppe zahlreiche Mißbräuche begeht, den Mißbrauch als Teil eines Kultes rechtfertigt oder als Literatur oder Kunst veröffentlicht, er braucht Hoffnung und Hilfe. Aber solange der Täter nicht erkannt und ihm Einhalt geboten wird, kann keine angemessene Hilfe geleistet werden.

6. Opfermerkmale

Sei ein Clown. Verstecke dich hinter der Maske. Zieh hohe Mauern auf. Laß niemanden etwas wissen.

Das sind einige Verhaltensweisen, wie Opfer mit sexuellem Mißbrauch umgehen. Einige ihrer Gefühle hielt ein erwachsen gewordenes Opfer auf Papier fest, um sich besser mit den vernichtenden Folgen des Mißbrauchs auseinanderzusetzten. Dieses Gedicht stammt von ihr:

Verstecken

Ich verstecke mich hinter Mauern. Wie dick sie sind!
Selbst wütende Riesen können nicht zu mir durchdringen.
Immer sitze ich auf der anderen Seite,
zwischen zwei Welten, die beide unwirklich scheinen.
Die Wirklichkeit ist nur etwas, vor dem man
davonlaufen muß ...
Schaffe eine Welt voll Lachen und Freude.
Innen weinst du ununterbrochen,
und so verstecke ich mich
hinter meinen schallgeschützten Wänden.
Warum solltest du Menschen einlassen,
um dich kennenzulernen?
Freundschaften enden nur mit Schmerzen.
Ein zerbrochenes Herz
läßt sich schwer mit Pflaster und Verband heilen.
Innen sind die Narben und Wunden immer noch da ...
Und so verstecke ich mich hinter meiner Mauer,
ein Clown mit bunt bemaltem Gesicht.
Die Schminke überdeckt die verweinten Wangen,
aber ich kann die Tränen nie wegwischen.

Ich sitze in meiner Ecke, ein Kokon,
weder das, was ich bin,
noch das, von dem man meint, daß ich es sei.
Aber irgendwo, tief in meiner Seele,
vergraben im Schutt der Erinnerungen,
entdecke ich, daß ich jeden winzigen Teil dessen verlor,
was einmal »Ich« war.
Mein Versteckspiel paßte mir gut.
Aber jetzt verwandelte es sich in meine private Hölle –
ohne Wirklichkeit.

Rebekah Riskin[1]

Der Schmerz und die Angst verschwinden nicht mit der Zeit. Unabhängig vom Alter des Opfers beschneidet sexueller Mißbrauch das Leben selbst.

Wenn die Folgen so verheerend sind, ist es entscheidend zu wissen, wer die Opfer – oder die möglichen Opfer – sind, um ihnen Sicherheit und Hilfe zu bieten. Aber wo sollen wir die Opfer suchen? Mädchen zwischen neun und elf Jahren sind am häufigsten betroffen.[2]

Das bedeutet nicht, daß Teenager oder wenigstens Neugeborene sicher wären. Sexueller Mißbrauch kann Jungen und Mädchen in jedem Alter an jedem Ort widerfahren. Aber wenn wir wissen, welche Faktoren ein Kind leichter zum Opfer von sexuellem Mißbrauch werden lassen, können wir ihm eher die Hilfe zuteil werden lassen, die es so dringend benötigt.

Ähnlich wie bei der Darstellung der Tätermerkmale handelt es sich hier nur um Faktoren, und nicht einmal um die einzig möglichen. Ein Kind mit vielen dieser Merkmale ist nicht unbedingt ein Opfer von Mißbrauch. Manche Charakteristika können auch auf andere Ursachen zurückzuführen sein. Aber wenn man auf ein Kind stößt, das viele dieser Merkmale aufweist, sollte das ein Grund für weitere Nachforschungen sein.

Von den im Folgenden aufgeführten Merkmalen können sich je nach Alter und Geschlecht der Kinder Abweichungen ergeben. Je früher der Mißbrauch eintritt, um so mehr wird sich das Trauma auf die weitere Entwicklung hemmend auswirken. Genauso wie ein Kind nicht laufen kann, wenn es nie gehen durfte, kann ein Kind anderen nicht vertrauen, wenn es Schwierigkeiten hat, den Eltern oder sich selbst zu vertrauen. Im Falle eines Neugeborenen führte das Trauma des sexuellen Mißbrauchs sogar zum Tod.

Direkte Hinweise auf Mißbrauch

Direkte und indirekte Bekenntnisse: Wenn ein Kind selbst vom Mißbrauch spricht, ist das der offenste Hinweis, aber eine solche Aussage sollte nicht erwartet werden. Ein junges oder verängstigtes Kind ist vielleicht überhaupt nicht in der Lage, die Tatsache in Worte zu fassen. Erwachsene können jedoch auf indirekte Botschaften hören. Manchmal erzählt das Kind von neuen Spielen mit einem Verwandten oder einem anderen Menschen, einem Spiel mit Lutschern, Schlangen und Geheimnissen. Oder ein älteres Kind erwähnt vielleicht, daß einer angeblichen Freundin oder »jemand anderem« etwas passiert sei.

Für das Alter unangemessenes sexuelles Wissen oder Handeln: Spiele mit Puppen oder Zeichnungen, die eindeutige sexuelle Details ausdrücken, können eine Warnung sein, daß ein Kind zum Opfer von sexuellem Mißbrauch geworden ist. Viele verantwortungsbewußte Eltern bringen ihren Kindern die Namen der Geschlechtsteile bei, aber selten weiß ein Vorschüler, was Geschlechtsverkehr eigentlich ist. Ein Kind, das sich für sexuelle Handlungen bei Menschen und Tieren interessiert, will vielleicht wissen, ob das, was ihm passiert ist, normal ist. Bei einem kleinen Kind, das sich oder andere mit sexuellen Handlungen beschäftigen will, handelt es sich vielleicht nicht um ein normales Spiel, vor allem, wenn das Kind Wissen über den Geschlechtsakt oder das Vorspiel zeigt. Auch exzessive Masturbation ist ein Warnzeichen. Wo hat das Kind so etwas gelernt?

Plötzliche Veränderungen der Schulnoten: Tagträume oder Phantasien, wie man dem Täter entgehen könnte, oder das Nachdenken darüber, wie es den anderen Kindern wohl geht, können die Zeit eines mißbrauchten Kindes in Anspruch nehmen. Wenn ein Kind Zeit vergeudet, weil es in einer Phantasiewelt lebt, oder wenn es sich nicht konzentrieren kann, weil es emotional zu aufgewühlt ist, können sich die Noten des Kindes drastisch verschlechtern. Bei einem anderen Kind können sich die Noten auch sehr schnell verbessern, weil es sein Geheimnis hinter seinem Perfektionismus versteckt. Vielleicht hofft das Kind auch, einer weiteren Bestrafung durch sexuellen Mißbrauch mit Hilfe seiner guten Noten zu entgehen.

Soziale Indikatoren für Mißbrauch

Angst vor bestimmten Menschen oder Situationen: Besonders wenn ein Verwandter oder Freund der Täter ist, kann es einem Kind schwer fallen, Angst zu überwinden, weil es von jemandem Schaden erlitt, dem es meinte, vertrauen zu können. Die Angst kann sich in Wut, Übelkeit, Nervosität, Zurückgezogenheit oder Lethargie äußern. Das Sprechen über eine solche Angst ist nicht der einzige Hinweis.

Ein kleineres Kind kann sehr anhänglich werden, anhänglicher, als es für sein Alter normal wäre. Ein Kind, dem es vor dem Mißbrauch nichts ausmachte, von den Eltern getrennt zu sein, kann Angst davor bekommen, sein Zuhause zu verlassen und alleine irgendwohin zu gehen. Andere haben Angst vor dem Alleinsein. Es könnte die Angst vor weiterem Mißbrauch sein oder die Angst davor, dem Schmerz der Erinnerung allein ausgesetzt zu sein.

Ungewöhnliches Schamgefühl: Ein mißbrauchtes Kind, besonders ein Teenager, will sich vielleicht nicht mehr im Umkleideraum in der Schule umziehen oder an keinen Parties mehr teilnehmen, bei denen es auswärts übernachten müßte, weil beim Ausziehen körperliche Anzeichen des Mißbrauchs sichtbar werden könnten. Zu Panik kann die Erwähnung einer medizinischen Untersuchung oder der Besuch eines Arztes führen. Extreme Reaktionen darauf, auch nur einen Teil des Körpers vor Familienmitgliedern zu entblößen, zeugen von Angst, daß das Geheimnis verraten werden könnte. Ein mißbrauchter Mensch will vielleicht auch nicht entblößen, was er oder sie als schmutzig und unrein betrachtet.

Rolle in der Familie: Fünfundvierzig Prozent der Frauen in Hermans Untersuchungen hatten mit acht oder neun Jahren quasi die Rolle der Mutter eingenommen.[3] In einigen Fällen war die Mutter krank oder häufig nicht zu Hause.

Die Beziehung einer mißbrauchten Tochter zu ihrer Mutter kann durch eine Anzahl von Faktoren sehr schwierig werden. Das Kind scheint der Mutter den Liebhaber wegzunehmen, oder es ist wütend auf seine Mutter, weil sie ihm nicht genug Schutz vor dem Täter bietet.

Schwierig wird in diesem Fall aber auch die Vater-Tochter-Beziehung. Das Opfer wird von den anderen Familienmitgliedern vielleicht als »Papas Lieblingskind« angesehen. Diese Stellung kann Vorteile mit sich bringen, aber das Kind fühlt wahrscheinlich, daß es dafür einen Preis bezahlen muß. Wenn nur die Wahrheit wirklich bekannt werden würde!

Antisoziales Verhalten oder Ausreißen: Ein mißbrauchtes Kind kann ein Einzelgänger werden, damit ihm oder ihr niemand mehr Schaden zufügen kann. Das Kind denkt vielleicht, daß für jede Freundschaft ein Preis gezahlt werden muß. Auch wenn es oberflächliche Freundschaften pflegt, empfindet das Kind es vielleicht als schwierig, zu anderen eine enge Beziehung aufzubauen. Oder es geht gar keine Freundschaften ein, um das Geheimnis des Mißbrauchs für sich zu behalten, oder weil es vor dem Mißbrauch nie eine Gelegenheit hatte, grundlegende soziale Fähigkeiten zu erlernen. Wenn das Kind seine Wut statt auf den Täter auf die Familie und Freunde lenkt, verschlechtern sich natürlich diese Beziehungen.

Verstecken, Davonlaufen und Schuleschwänzen sind weitere soziale Indikatoren für Mißbrauch. Warum will ein Kind nicht bei Eltern, Freunden oder Lehrern sein? Eine Flucht in die Gefühlswelt reicht vielleicht nicht aus, um dem Schmerz zu entkommen. Die tatsächliche Flucht ist ein Hilferuf. Ein Kind läuft nicht davon oder versteckt sich unter einem Bett, in einem Kleiderschrank oder im Haus eines Freundes, ohne einen Grund dafür zu haben. Die extremste Form des Davonlaufens ist der Selbstmord.

Ungewöhnliches Verhalten im Umgang mit dem anderen Geschlecht: Normalerweise fängt man als Jugendlicher an, sich mit anderen zu verabreden, aber mißbrauchte Teenager vermeiden diese Kontakte, entweder aus den obengenannten Gründen, oder weil der Täter sein Opfer bedroht, um jede Konkurrenz durch andere Männer auszuschalten. Auch homosexuelle Neigungen können sich entwickeln, wenn der Teenager eine andere Art der körperlichen Nähe sucht.

Wenn mißbrauchte Teenager zu früh anfangen, sich mit Jungen zu verabreden oder wechselnde Beziehungen zu unterhalten, geschieht das vielleicht eher aus dem Grund, daß ihnen dieses Verhalten vertraut ist, als daß sie es genießen. Vielleicht benutzen sie es auch als Flucht vor ihren Tätern und setzen Intimität als Trostmittel oder als Mittel zum Lebensunterhalt ein. Schließlich betrachten die Teenager sich als »aus zweiter Hand – frei für jedermanns Gebrauch«, ohne sich bewußt zu werden, daß sie die Wahl haben, nein zu sagen.

Ausschließliche Beziehungen zu Älteren: Die ständige Begleitung durch einen bestimmten älteren Jugendlichen oder Erwachsenen könnte ein Hinweis auf Mißbrauch sein. Vielleicht ist ein Junge in der ständigen Begleitung eines anderen, der drei oder fünf Jahre älter ist. Wenn sie immer versuchen, allein zu sein, und sehr besitzergreifend sind, kann das ein Grund zur Beunruhigung sein.

Körperliche Indikatoren für Mißbrauch

Wenn sexueller Mißbrauch stattgefunden hat, *können* körperliche Anzeichen dafür vorhanden sein, oft werden sie aber auch vom Opfer oder vom Täter versteckt. Die Angst davor, daß solche Zeichen gefunden werden, kann zu brutaleren Handlungen, bis zu Abtreibung oder Mord, führen.

Heranwachsende reagieren besonders sensibel auf die körperlichen Zeichen des sexuellen Mißbrauchs – und ihre Belastung kann sich noch verdoppeln, wenn sie nicht wissen, daß die Menstruation etwas ganz Normales ist. So war es auch bei mir: Als mein Menstruationszyklus einsetzte, fürchtete ich, daß er durch den Mißbrauch verursacht worden sei, und hielt ihn aus Angst, er verrate den Mißbrauch meines Vater, so lange ich konnte, vor meiner Mutter geheim.

Schmerzen und Entzündungen: Erste körperliche Anzeichen können noch harmlos scheinen. Rötungen und Entzündungen um den Mund, die Scham oder den After können auftreten. Körperlicher Druck kann Hämatome oder Beschädigung des Gewebes um den Mund, an der Brust, am Gesäß, an den Genitalien, den Oberschenkeln und dem Unterleib verursachen. Ein mißbrauchter Jugendlicher schreckt vielleicht vor körperlichen Betätigungen zurück, die Schmerzen verursachen könnten, wie Radfahren oder Reiten.

Genitale Entzündungen, Blutungen, rektale Verletzungen oder verdächtig zerrissene oder blutbefleckte Kleidung sollten bei Eltern und anderen Erziehern Alarm auslösen. Die Schwierigkeiten eines Kindes auszuscheiden, können ein Zeichen für Schmerzen oder für Verlegenheit sein; es denkt vielleicht, daß alles, was mit den intimen Körperteilen zu tun hat, schmutzig ist. Auch Bettnässen kann mit sexuellem Mißbrauch in Zusammenhang stehen.

Infektionen: Ständige Infektionen des Halses, Mundes oder Zahnfleisches können auf oralen Sex hindeuten. Infektionen im Blasenbereich, der Scheide oder am Penis können aufgrund des Mißbrauchs ständige Probleme bereiten. Geschlechtskrankheiten sind inzwischen zu einem häufigen Hinweis auf Mißbrauch geworden.

Schwangerschaft: Eine Schwangerschaft zwingt ein Mädchen oft, den Mißbrauch zuzugeben, und wenn sie sich fürchtet, den Namen des Vaters zu nennen, ist das vielleicht ein Hinweis auf sexuellen Mißbrauch oder Inzest.

Indirekte Zeichen: Häufige Kopfschmerzen, Bauchschmerzen, Übelkeit oder Appetitlosigkeit können durch den Ekel vor oralem Sex oder den Schmerz durch das Eindringen ausgelöst werden.

Extreme Gewichtsveränderungen, bis hin zu Magersucht oder Fettsucht können auf Mißbrauch hinweisen, weil ein Opfer vielleicht versucht, für den Täter weniger attraktiv zu werden.

Autoaggressives Verhalten: Sich selbst zugefügte Verbrennungen, Schnittwunden und blaue Flecken oder brutale Duschen und Spülungen sind einige Möglichkeiten, mit denen Opfer nach Hilfe schreien. Es können Zeichen der versuchten Selbstbestrafung, Reinigung oder sogar des Versuches sein, die eigene Lebendigkeit oder Fähigkeit, Schmerzen zu empfinden, unter Beweis zu stellen.

Zwei Opfer beschreiben ihr Verhalten nach dem Mißbrauch:

Ich habe jeden Tag mehrmals geduscht, mich aber nie sauber gefühlt. Ich fing an, mich mit Lysol, einem Desinfektionsmittel, oder allem anderen, was ich finden konnte, zu duschen. Ich hatte das Gefühl, daß es meine Schuld sein müsse, daß mein Vater und Männer aus seiner Firma mich vergewaltigt hatten. Wenn ich nur sauber werden könnte, würden sie mich vielleicht in Ruhe lassen.

Es gab Zeiten, in denen ich von Stühlen oder Mauern sprang und versuchte, mir ein Bein oder etwas anderes zu brechen. Wenn ich Erfolg hätte, würde meine Mutter vielleicht bei mir zu Hause bleiben, damit mich mein Vater nicht mißbrauchen konnte. Stattdessen wurde es heruntergespielt, wenn ich krank war, oder mein Vater blieb bei mir, nur um mich wieder zu mißbrauchen.[4]

Emotionale Indikatoren für Mißbrauch

Selbstzerstörerische Handlungen: Selbstmordversuche, häufige Unfälle, Drogenmißbrauch und Alkoholismus sind nur einige der selbstzerstörerischen Akte, mit denen mißbrauchte Kinder auf ihre Schmerzen, ihre Schuld- und Schamgefühle reagieren. Abtreibung und Selbstmord können auch als Versuch gewertet werden, keinen Beweis liefern zu müssen.

Angst und Mißtrauen: Die sozialen und körperlichen Indikatoren für Mißbrauch stehen in Zusammenhang mit emotionalen Indikatoren. Diese können in bezug auf Kinder nicht so leicht definiert werden. Angst und Mißtrauen gegenüber anderen Menschen sind vorherrschend. Die Angst kann so stark werden, daß ein Kind sich völlig zurückzieht, nicht nur körperlich, sondern auch emotional. Selbst Berichte von außerleiblichen Erfahrungen sind nicht ungewöhnlich.

Spontanes Weinen und Depressionen: Hysterie oder spontanes Weinen können ebenfalls auftreten. Das Weinen ist nicht unbegründet, der Schmerz kann einfach nicht in Worte gefaßt werden. Es kann zu den ungewöhnlichsten Augenblicken auftreten, ohne erkennbaren Anlaß. Etwas, das das Kind an den Mißbrauch erinnert, z. B. beim Lesen eines Buches oder beim Sehen eines Filmes, kann Tränen hervorrufen. Es kann auch während eines glücklichen Ereignisses auftreten, wie bei einer Feier, wenn das Kind sich nicht emotional »gewappnet« hat und das Gefühl, das einen Ausdruck sucht, plötzlich freien Lauf bekommt.

Die Gefühle während des Mißbrauchs können so verwirrend oder so überwältigend sein, daß ein Kind vielleicht nicht einmal weint. Ein Opfer kann sich von seinen Gefühlen völlig distanzieren. So können selbst fehlende Tränen auf ein tieferes Problem hinweisen.

Unerklärlichen Depressionen muß auf den Grund gegangen werden. Depressionen sind vielleicht die einzige Möglichkeit, den Schmerz des Mißbrauchs zu verarbeiten. Die Wut wendet sich nach innen, da das Opfer meint, es wäre falsch, auf andere wütend zu sein.

Regression in frühere Phasen: Rückschritte in der Entwicklung, von denen am Beispiel der übertriebenen Anhänglichkeit die Rede war, bringen Angst zum Ausdruck. Um sie zu erkennen, ist es gut zu wissen, was das normale Verhalten eines Kindes für die jeweilige Entwicklungsstufe ist, und sein Verhalten zu beobachten. Eine Fünfjährige, die wieder Daumen lutscht, ein Teenager, der wieder Nägel beißt, und ein eigentlich aktiver Teenager, der zum Stubenhocker wird, zeigen fragwürdige Verhaltensweisen.

Ungewöhnliches Verhalten in der Nacht: Schlaflosigkeit, Alpträume und Angst vor der Dunkelheit können Ausdruck für Mißbrauch sein. Es ist nicht ungewöhnlich, daß Opfer von Mißbrauch wiederholt von Spinnen, Gespenstern oder Schlangen, davon, zu ersticken oder von einer großen schwarzen Kugel, die auf ihr Gesicht zukommt, träumen.

Vielleicht sind das nicht nur Träume, sondern vielmehr die Art des Kindes, einen sexuellen Angriff zu beschreiben. Das Kind will vielleicht wach bleiben oder das Licht anlassen, um die Gefahr von sich fernzuhalten. Wenn das Kind darauf besteht, auch im Bett Unterwäsche zu tragen, ist das unter Umständen ein Zeichen dafür, daß es sich schützen will.

Krankhaftes Schuldgefühl: Ständige Entschuldigungen und unnötiges Um-Vergebung-Bitten können ein weiterer Hinweis sein. Aus irgendeinem Grund nehmen die Opfer die Schuld für alles, was sie erlitten haben, auf sich. Sie fühlen sich, als ob sie den Mißbrauch verursacht hätten. Manchmal sieht es so aus, als ob das Opfer die Verantwortung für die ganze Welt auf seinen Schultern tragen würde. Der kleinste Fehler kann beim Opfer zu Panik führen. Nicht selten wäscht sich das Opfer eines Mißbrauchs vier oder fünf Mal am Tag am ganzen Körper, ohne das Gefühl zu gewinnen, sauber zu sein.

Es ist schwer zu sagen, welche Auswirkungen sexueller Mißbrauch auf ein Kind hat. Das Alter zur Zeit des Mißbrauchs, die Fortdauer und Häufigkeit des Mißbrauchs, die Tragweite der körperlichen und emotionalen Verletzung, all das spielt eine Rolle. Doch unabhängig von der Wertung der Faktoren wirkt sich sexueller Mißbrauch immer negativ auf das Leben des Opfers aus. Ob der Mißbrauch ein einmaliger Vorfall ist oder jahrelang andauert, einige negative Konsequenzen können immer festgestellt werden.

Persönlichkeitsmerkmale der Opfer

Ein vertrauensseliges Kind fällt vielleicht leicht auf die Geschenke und Spiele des Täters herein. Ein unterwürfiges Kind läßt sich leicht einschüchtern und befolgt Forderungen und Anweisungen von älteren, autoritären Personen, ohne diese zu hinterfragen. Ein willfähriges Kind gibt dem Täter nach, vielleicht, um akzeptiert zu werden. Ein selbstbewußtes Kind nähert sich vielleicht einem Fremden, läuft ihm vielleicht sogar mit offenen Armen entgegen. Dieses Kind entgeht dem Mißbrauch vielleicht, läuft aber Gefahr, von dem wütenden Angreifer körperlich mißhandelt zu werden.

Es gibt keinen bestimmten Persönlichkeitstyp, der sexuellem Mißbrauch zum Opfer fällt. Die Konzentration auf die Persönlichkeit des Opfers sucht die Schuld ungewollt beim Opfer, statt beim Täter. Die Persönlichkeit befindet sich während der Kindheit noch in der Entwicklung. Deshalb ist wichtiger, als die Frage, welches Kind leichter zum Opfer wird, die Frage, was der Mißbrauch für die Formung der Persönlichkeit des Opfers bedeutet.

Wir sollten uns fragen, ob unsere Erziehung nicht Kinder zu leichter Beute macht. Wenn manche glauben, daß Mädchen passiv, schwach und ohne eigene Meinung sein sollten, heißt das doch: Sie sollten in einem kindlichen Stadium bleiben und bei Männern körperlichen und wirtschaftlichen Schutz suchen. So bleiben sie unselbständig, ängstlich und gehemmt. Außerdem lernen sie, daß Sex das Tauschmittel für finanzielle Hilfe und Schutz ist. Wir lehren Jungen, furchtlos und stark zu sein. Wenn sie mißbraucht werden, müssen sie den Schmerz ertragen, ohne sich zu beklagen, damit sie nicht als ängstlich oder schwach erscheinen.

Wohin Mißbrauch führen kann

Ob der Mißbrauch geheim bleibt oder in der Kindheit oder im Erwachsenenalter enthüllt wird, er hat immer ein Leben entscheidend beeinflußt. Das heißt nicht, daß jeder, der mißbraucht wurde, unübersehbare Zeichen für den

Mißbrauch aufweist. Doch einige Folgen des Mißbrauchs führen dazu, daß die meisten Menschen, ohne es zu wissen, die mißbrauchte Person noch weiter bestrafen, statt ihr Mitgefühl oder Hilfe entgegenzubringen.

Die amerikanische Öffentlichkeit, auch die Öffentlichkeit, wie sie sich in der christlichen Gemeinde darstellt, ist schnell dabei, Verhaltensformen zu kritisieren, die als ungesellig oder unnormal betrachtet werden. Bestimmte Menschentypen werden als Schandflecken der Gesellschaft abgeschrieben. Leider bringen einige von ihnen in Wirklichkeit die Auswirkungen von geheimgehaltenem sexuellem Mißbrauch zum Ausdruck.

Es ist wichtig, nicht nur die Symptome zu erkennen (wie Davonlaufen, Drogenmißbrauch, Prostitution, Pornographie und Kriminalität) und zu versuchen, Abhilfe zu schaffen, sondern auch die mögliche Wurzel des Problems zu suchen. Sexueller Mißbrauch kann unverarbeitete Wut, absichtliches selbstzerstörerisches Verhalten, die Überzeugung, für sich selbst sorgen zu müssen, um aus der Atmosphäre des Mißbrauchs herauszukommen, und andere problematische Verhaltensweisen fördern. Vielleicht hat das mißbrauchte Kind nie die Gelegenheit zu normaler sozialer Integration und einer normalen Entwicklung bekommen und weiß nicht, wie es mit der Wirklichkeit des täglichen Lebens umgehen soll.

Es wäre kurzsichtig anzunehmen, daß ein Jugendlicher, der von zu Hause davonläuft, das Umhergetriebensein auf der Straße einem Leben bei liebenden Eltern vorziehe. Allein im Jahr 1979 gingen beim »National Runaway Switchboard«, einer amerikanischen Anlaufstelle für davongelaufene Kinder, sechzigtausend Anrufe von Mädchen und Jungen ein, die zu Hause sexuell mißbraucht worden waren.[5] Auch andere Organisationen, die mit Teenagern arbeiten, stellen fest, daß viele Jugendliche von Zuhause ausreißen, weil sie Sicherheit und ein Leben ohne sexuellen Mißbrauch suchen. Kein Wunder, daß einige Ausreißer den Kontakt zu ihren Eltern abbrechen und sogar ihren Namen ändern.

Wie wir schon festgestellt haben, wird Drogen- und Alkoholkonsum häufig als Mittel eingesetzt, um den Schmerz des Mißbrauchs zu betäuben. Tragisch ist dabei, daß der Konsum oft zur Abhängigkeit führt. Weitere Schwierigkeiten treten auf, wenn Kinder versuchen, ihre Sucht zu finanzieren. Leider ist der daraus entstehende Teufelskreis allzu häufig. Inzestuöse Familien schämen sich und leiden an vielen Abhängigkeiten und Süchten. Nach einer Untersuchung des Odysseyinstituts waren vierundvierzig Prozent von 118 weiblichen Drogenabhängigen Opfer von Inzest.[6] Nach einer anderen Untersuchung wurden zwanzig Prozent von vierzig Opfern von Vater-Tochter-Inzest drogen- oder alkoholabhängig, im Vergleich zu fünf Prozent von zwanzig Frauen in einer Gruppe, deren Väter sich nur des versuchten Mißbrauchs schuldig gemacht hatten.[7]

In den USA, einem Land, in dem es immer noch möglich ist zu glauben, daß Kinderprostitution nicht existiere, werden jährlich sechshunderttausend Kinderprostituierte sexuell ausgebeutet.[8] Die Vermarktung von Sex in der Form von Prostitution, Pornographie oder beidem, betrifft 1,2 Millionen Kinder unter sechzehn Jahren.[9] In Los Angeles werden jedes Jahr dreißigtausend Kinder unter achtzehn Jahren in der Sexindustrie vermarktet.[10] In San Francisco enthüllte eine Untersuchung von zweihundert ehemaligen und sich noch im Geschäft befindlichen Prostituierten, daß achtundsiebzig Prozent vor dem Erwachsenenalter mit der Prostitution begannen. Sechsundneunzig Prozent der jungen Prostituierten waren von zu Hause fortgelaufen. Und sechzig Prozent dieser zweihundert berichteten, daß sie vor ihrem sechzehnten Lebensjahr sexuell belästigt wurden.[11]

Hunderte von Minderjährigen, deren Körper durch Kinderpornographie vermarktet werden, wurden in zwei erst kürzlich durchgeführten Untersuchungen vom Amerikanischen Zentrum für Kindesmißhandlung und -vernachlässigung befragt. Die Hälfte bis drei Viertel berichteten von sexuellem Mißbrauch innerhalb der Familie.[12] Inzestopfer posieren, wie Russells ausführliche Untersuchung in San Francisco enthüllt, mehr als doppelt so häufig für Pornographie wie Menschen, die keine Opfer von Inzest waren.[13]

Im Blick auf Prostitution und Pornographie muß auch berücksichtigt werden, daß viele Opfer von Mißbrauch denken: einmal mißbraucht, immer mißbraucht. Das ist eine erlernte Denkweise.

Sex ist dann etwas, von dem das Kind weiß, daß es das kann. Es kann das einzige sein, worauf es sich verlassen kann, und es fühlt sich vielleicht zu nichts anderem bestimmt, als lebenslänglich als sexuelles Objekt benutzt zu werden.

In einer jahrzehntelangen Untersuchung von über fünfhundert Vergewaltigern stellte sich heraus, daß über achtzig Prozent als Kinder sexuell mißbraucht wurden. Im Vergleich dazu waren nur zwanzig Prozent der Männer, die wegen anderer als sexueller Verbrechen inhaftiert waren, als Kinder sexuell mißbraucht worden.[14]

Russell widmet dem inzestuösen Mißbrauch als fördernde Ursache für weitere ungerechte Behandlung ein ganzes Kapitel. Von insgesamt neunhundertachtzig Frauen berichteten achtundsechzig Prozent der Inzestopfer von Vergewaltigung oder versuchter Vergewaltigung durch einen nicht mit ihnen verwandten Mann irgendwann in ihrem Leben, im Vergleich zu achtunddreißig Prozent der niemals inzestuös mißbrauchten Frauen. Zweiundachtzig berichteten von einer ernsthaften sexuellen Belästigung. Fast dreimal so viele (oder siebenundzwanzig Prozent) berichteten von einem körperlich gewalttätigen Ehemann. Dreiundfünfzig Prozent berichteten von unerwünschten sexuellen Annäherungen durch nicht verwandte Autoritätspersonen wie einem Arzt, Lehrer, Arbeitgeber, Pfarrer, Therapeuten oder Polizisten.[15]

Durch die Statistiken über die Auswirkungen von sexuellem Mißbrauch auf mögliche Verbrechen oder Neigung zur Kriminalität versuche ich nicht, die kriminellen Handlungen von irgend jemandem zu rechtfertigen. Was ich versuche, ist zu zeigen, daß die Verhinderung von sexuellem Mißbrauch helfen kann, später eine Vielzahl anderer Übel zu verringern. Untersuchungen, die Zahlen über sexuellen Mißbrauch und seine langfristigen Folgen liefern, haben erst begonnen. Es ist möglich, daß wir nicht alle Probleme im Zusammenhang mit Mißbrauch gesehen haben. In den folgenden Kapiteln hoffe ich, über die Problemanalyse hinauszugehen und einige konkrete Schritte zu zeigen, wie den Opfern geholfen werden kann.

7. Das Dilemma der Geheimhaltung

Verdacht auf Mißbrauch zu hegen oder von Mißbrauch zu wissen, ohne Maßnahmen zur Beendigung zu ergreifen, ist unverantwortlich. Dadurch ermöglicht man nicht nur die Fortsetzung des Mißbrauchs, sondern man stellt sich auch auf die Seite der Täter. Nehmen wir Lindas Geschichte als Beispiel ...

Solange Linda sich zurückerinnern konnte, war sie sexuell ausgebeutet worden. Als adoptiertes Kind dachte sie zuerst, ihre neuen Eltern hätten sie aus einer sehr schwierigen Lage als Waisenkind gerettet. Statt dessen wurde bald von ihr verlangt, mit ihrem neuen Vater zu schlafen und zu seiner sexuellen Befriedigung zur Verfügung zu stehen.

Sonntags ging man in die Kirche, wo ihre Mutter aktiv war. Freitagnachts nahmen Lindas Eltern beide an Satansmessen teil. Linda wurde nicht nur zur Befriedigung ihres Vaters benutzt, sondern auch für die ihrer Mutter und anderer in dem Kult. Häufige Schwangerschaften endeten mit Babyopfern.

Wenn sie nicht mit ihrem Vater schlafen mußte, wurde Linda in einem Schuppen eingesperrt und mußte mit vielen Männern schlafen. In einem Sommer wurde sie sogar an eine Familie in einem anderen Bundesstaat verkauft, wo sie in einem Wohnwagen eingesperrt und zur Prostitution gezwungen wurde.

Linda versuchte bei mindestens zwei verschiedenen Gelegenheiten, Hilfe zu finden. Während ihrer Oberstufenzeit erzählte sie der Schulschwester, mit der sie sich angefreundet hatte, von dem sexuellen Mißbrauch. Die Schwester versprach, ihm ein Ende zu setzen. Sie ging auf Lindas Vater zu, der die Anschuldigungen seiner Adoptivtochter leugnete. Statt Hilfe erlebte Linda nur noch schlimmere körperliche Mißhandlungen. Später entdeckte Linda, während sie als Mitarbeiterin bei einem Freizeitlager arbeitete, daß sie schwanger war. Sie ging in ein Heim für unverheiratete Mütter, statt zum College zurückzukehren. Auf der Suche nach einer Unterkunft für Linda und ihr Baby rief das Heim als letzte Möglichkeit Lindas Eltern an. Die Eltern holten Linda nach Hause, und das Baby fiel ihren Riten zum Opfer.

Kein Wunder, daß viele wie Linda keine Hilfe suchen. Einige bringen nie ein Wort über ihren Mißbrauch über die Lippen. Bevor wir die Schritte betrachten können, die einem Opfer von sexuellem Mißbrauch helfen, müssen wir erst einmal verstehen, unter welchem Druck ein Kind steht, das sexuellen Mißbrauch geheimhält.

Inzest gilt als das »bestgehütete Geheimnis«. Für die meisten Kulturen ist Inzest ein Tabu. Einige Experten sagen, nicht die Ausübung von Inzest werde tabuisiert, sondern das Sprechen darüber.[1]

Bei der wachsenden Aufmerksamkeit, die die Medien sexuellem Mißbrauch widmen, muß unsere Gesellschaft davon ausgehen, daß entweder sexueller Mißbrauch zunimmt oder wenigstens öfter angezeigt wird, vielleicht weil Kinder von Lehrern und in den Medien hören, daß sie über »unanständige Berührungen« und Mißbrauch sprechen sollen. Doch viele Kinder ziehen es immer noch vor zu schweigen.

Warum ein Kind es vorziehen kann, das Geheimnis nicht zu lüften

Herman sagt, das Kind sehne sich nach der Enthüllung und fürchte sich gleichzeitig vor ihr.[2] Es gibt zahlreiche mögliche Gründe, aus denen Kinder das Geheimnis des sexuellen Mißbrauchs oder Inzests nicht preisgeben.

Ein Kind zieht die Situation, so wie sie ist, vor: Ein Kind will vielleicht nicht darüber sprechen, weil es den Täter, seine Familie und sein Leben, so wie es sie kennt, schützen will; ihm graut vor der Enthüllung seiner angeblichen Schuld; oder es genießt die Belohnungen für sein Verhalten, so klein diese auch sein mögen.

Die Preisgabe des Geheimnisses stört das zerbrechliche Gleichgewicht einer Familie. Das festgeknüpfte Beziehungsnetz widersetzt sich einer Veränderung. Selbst wenn das gegenwärtige Leben eines Kindes schrecklich ist, erscheint es vielleicht immer noch besser als das Unbekannte, das der Enthüllung folgen würde. Weil eine Enthüllung des Mißbrauchs oft bedeutet, daß ein Mädchen seinen Vater anklagen muß, besteht die Gefahr, daß er in seiner Wut der Mutter des Mädchens oder vielleicht ihren Geschwistern Gewalt zufügt. Es fürchtet, daß die Folgen seiner Enthüllung eine zerstörte Familie und den Zorn der Mutter oder der Gesellschaft bedeuten können. Das Lüften des Geheimnisses würde das Ansehen seines Vaters in der Familie, in der Gemeinde, am Arbeitsplatz und in der Stadt zerstören. Vor der ganzen Stadt würden Familiengeheimnisse ausgebreitet werden.

Viele sprechen nie darüber, weil sie Schuldgefühle empfinden. Was mit Streicheln begann, erschien nicht ernst. Als es weiter ging, als das Mädchen am Penis des Mannes leckte, war ihre eigene Beteiligung gefragt – sie war die Schuldige, selbst wenn ihr gesagt wurde: »Das tun alle Mädchen mit ihrem Papa.«

Nachdem Charlotte im Park vergewaltigt worden war, sagte ihr ihre Mutter alles über Sexualität, wovon sie meinte, daß ihre Tochter es wissen müsse. Ihre Mutter sprach mit ihr über Dutzende von Dingen, die sie nicht tun solle, wie: »Setz dich nie auf eine öffentliche Toilette und geh nie allein dorthin«, »Steig nicht zu Fremden ins Auto«, »Nimm von Menschen, die du nicht kennst, kein Geld und keine Süßigkeiten an«, »Heb dein Kleid nicht hoch«, »Halte die Knie zusammen«.

Aber ihre Mutter sagte ihr nicht, daß sie sich nicht von

ihrem Vater mißbrauchen lassen sollte! Zuerst gab Charlottes Vater ihr Geschenke und setzte auf ihren Stolz, daß sie besser als jeder andere ein Geheimnis für sich behalten könne. Als sie nach einiger Zeit doch das Geheimnis lüften wollte und an dem sexuellen Akt aktiv beteiligt war, änderte er seine Taktik.

Während seiner sexuellen Übergriffe überzeugte ihr Vater sie, daß sie schmutzig und schuldig sei. Er hielt ihr einen Spiegel zwischen die Beine und zwang sie, sich selbst anzusehen. Er sagte ihr die Namen aller Körperteile, die an dem Schmerz beteiligt waren. Es war, als ob sie durch den Anblick einer offenen Wunde zurückgestoßen würde. Sie verzweifelte an dem Geheimnis. Sie haßte Lügen und fürchtete, ins Gefängnis geworfen zu werden, wenn andere herausfänden, daß sie die Schuldige war.[3]

Für Kinder, die gelernt haben, Gott als himmlischen Vater zu gehorchen und zu vertrauen, ihre Väter und Mütter zu ehren und ihnen zu gehorchen, die Wahrheit zu sagen und Ehebruch nicht zuzulassen, gibt es anscheinend besondere Gefühle von Angst und Schuld, die andere Kinder nicht kennen. Viele Kinder sind wahrscheinlich noch nicht in der Lage, zu unterscheiden, wann es richtig und der Wille Gottes ist, den Eltern (oder anderen Erwachsenen) nicht zu gehorchen. In der Gesellschaft gilt »Petzen« als verpönt, und einer Heranwachsenden fällt es schwer, zwischen ehrbarem und ehrlosem Verrat zu unterscheiden. Sie verletzt auf jeden Fall eine Vertrauensbeziehung, wenn sie das Geheimnis lüftet. Das Verraten des Geheimnisses und die Geheimhaltung, beides scheint Sünde zu sein.

Einige Kinder halten den Mißbrauch geheim, weil die Beziehung zwischen dem Opfer und dem Täter die engste liebevolle Beziehung ist, die das Opfer kennt. Das Kind bekommt besondere Geschenke, die wiederum zum Problem werden. Sgroi stellte fest, daß die Befriedigung durch Belohnungen und Geschenke, sowie die Schuldgefühle und Angst vor Beschuldigungen, weil sie diese annehmen, viele davon abhält, ihr Geheimnis zu verraten.[4]

Ein Kind ist unfähig, es zu erzählen: Ein Kind kann unfähig sein, vom Mißbrauch zu erzählen, weil ihm kein Vokabular zur Beschreibung des Geschehenen zur Verfügung steht, weil es die Erinnerung an den Mißbrauch verdrängt hat, oder weil es nicht weiß, was mit ihm geschieht.

Oft findet zu Hause nur wenig oder überhaupt kein Gespräch über sexuelle Dinge statt. Das Kind weiß nicht, wie es sein Geheimnis preisgeben könnte, es kennt nicht die Sprache und die Art und Weise, wie andere über dieses Thema reden.

Um die Verlegenheit zu vermeiden, in die die Eltern geraten, wenn sie über intime Details sprechen müssen, sprechen sie lieber nie über Sexualität; um dieselbe Verlegenheit zu vermeiden, spricht das Kind auch nicht über den Mißbrauch.

Einige Opfer versuchen, so zu tun, als sei der Inzest nie geschehen. Manchmal können sie den Inzest viele Jahre lang leugnen und verdrängen. Diese Abwehrmechanismen verbergen die Einsamkeit, Verzweiflung, Hilflosigkeit, das Gefühl, überwältigt zu sein, und die Angst vor dem Unbekannten.

Aber selbst wenn der Vorfall »erfolgreich« verdrängt wird, ist ein Opfer nicht frei von den negativen psychologischen Auswirkungen des Inzests. In einfachen Worten: Der Inzest ist aus dem Bewußtsein verdrängt, aber nicht ungeschehen gemacht.

Erwachsene, die früher Opfer von sexuellem Mißbrauch waren, besitzen die Fähigkeit, sich mit der Kraft und Hoffnung eines Erwachsenen zu schmerzhaften Kindheitserfahrungen durchzuarbeiten. Im späteren Leben sucht das Opfer vielleicht professionelle Hilfe bei Krisen der sexuellen Identität, bei Ehekonflikten, Depressionen oder einer Vielzahl anderer Probleme. Die Therapie bringt oft den Mißbrauch ans Licht, und damit die eigentliche Ursache der Schwierigkeiten. Glücklicherweise können erwachsene Opfer die Situation auch im Nachhinein oft besser verstehen.

Ein Kind wird daran gehindert, es zu erzählen: Ein Kind kann durch die Androhung von Gewalt oder die falsche oder richtige Annahme, daß man ihm nicht glauben wird, daran gehindert werden, darüber zu sprechen.

Viele Kinder sprechen nie davon, weil ihnen körperliches Leid angedroht wird, das noch schlimmer wäre als der Schmerz des Mißbrauchs. In einer Untersuchung von Sgroi war sechsundvierzig Prozent der befragten Opfer von sexuellem Mißbrauch Gewalt angedroht worden.[5]

Einige Kinder wollen es einfach deshalb niemandem erzählen, vor allem nicht ihrer Mutter, weil sie das Gefühl haben, daß man sie nicht verstehen, ihnen nicht glauben werde, oder daß der andere Partei für den Täter ergreift. »Es einem Menschen zu erzählen, bringt keine Hilfe, und schon gar nicht, jemandem von einer Behörde« Für einige stellt dieses Denken die grausame Wahrheit dar. Laut Sgroi wußten viele Familienmitglieder vom Mißbrauch, und in einigen Fällen waren sie auch in ihn verwickelt, obwohl er vom Kind als Geheimnis betrachtet wurde.[6] Fünfundneunzig Opfer von sexuellem Mißbrauch in Diana Russells Untersuchung gaben unaufgefordert Informationen darüber, wie sie ihren Mißbrauch meldeten. Siebenunddreißig Prozent erwähnten, daß jemand von dem Mißbrauch wußte, obwohl das Opfer es nicht erzählt hatte.[7] Je entfernter die Beziehung zu der Person war, der sie als erster von dem Mißbrauch erzählte, um so mehr Hilfe erfuhr es.[8]

Leider kann es Langzeitfolgen haben, wenn man den Mißbrauch geheim hält. Das Opfer wird vielleicht verhaltensauffällig, isoliert und unfähig, soziale Fähigkeiten zu erwerben. Es hat Schwierigkeiten, ein Gefühl für die eigene Identität und die Fähigkeit zur psychischen und körperlichen Intimität zu erlangen. Das Familienleben bleibt belastet, unter Umständen bleibt eine Angst vor Männern, später kommt es vielleicht zu Mißbrauch in der eigenen Familie. Auch Selbstmord und anderes selbstzerstörerisches Verhalten wird häufig beobachtet. Man kann sich in ein Leben aus Lügen verstricken, nur um das Geheimnis für sich zu behalten. Ich werde mich immer fragen, wie groß die Einsamkeit eines Menschen sein muß, der mit einem solchen Geheimnis stirbt.

Persönlichkeitsveränderungen

Im vorangegangenen Kapitel haben wir festgestellt, daß sich die Persönlichkeit des mißbrauchten Kindes durch den Mißbrauch verändern kann. Dr. Ebrahim Amanat führte eine Untersuchung mit dem Thema: »Vergewaltigung und Persönlichkeit« durch.[9] Der erste der drei Persönlichkeitstypen isoliert sich, ist ein Einzelgänger. Wenn sie mißbraucht wird, wird diese Person noch zurückgezogener, noch mißtrauischer und noch unnahbarer. Durch ihre Phantasie kann sie den Mißbrauch ständig neu durchleben. Diesem Typ fällt es am schwersten, davon zu sprechen oder um Hilfe zu bitten. Wenn diese »stillen« Opfer jemals über ihren Mißbrauch sprechen, dann oft erst im Erwachsenenalter, wenn er schon seinen Tribut gefordert hat.

Der zweite Persönlichkeitstyp ist abhängig, vertrauensselig und gewiß, bei demjenigen, dem er vertraut und den er nachahmt, sicher zu sein. Nach dem Mißbrauch wird dieser Typ noch abhängiger und anhänglicher und wünscht sich, daß man sich um ihn kümmert. Diese Opfer leiden auch zunehmend unter Phobien und Alpträumen und können Suchtprobleme entwickeln. Sie geben lebhafte Berichte über den Mißbrauch.

Der dritte Persönlichkeitstyp ist unabhängig und von den drei Typen am meisten gefährdet. Weil diese Opfer extrovertiert sind, wirft man ihnen oft zu unrecht vor, sie würden durch ihr Auftreten den Mißbrauch selbst verschulden. Sie reagieren sehr emotional und wünschen, daß andere genauso reagieren. Sie geben detaillierte Berichte über den Mißbrauch, wobei sie oft intellektualisieren und übertreiben. Reizbarkeit, Erregung, zwanghaftes Verhalten, Depressionen, Schuld- und Schamgefühle und schließlich Verdrängung sind bei ihnen zu beobachten.

Die Reaktionen von männlichen Opfern sind schwer vorherzusagen, komplex und sehr unterschiedlich. Beobachtete Reaktionen sind Verwirrung und Angst um die sexuelle Identität, unangemessene Versuche, sich seiner Männlichkeit wieder zu vergewissern, und wiederholtes Durchleben der entwürdigenden Erfahrung. Das nochmalige Durchleben der Situation kann auch so aussehen, daß das Opfer selbst zum Täter wird.[10]

Weil die Reaktionen auf sexuellen Mißbrauch während der Kindheit so unterschiedlich sind, ist es notwendig, unvoreingenommen und einfühlsam dem Opfer zuzuhören, um es verstehen zu können.

Die Folgen der Enthüllung – Gegensätzliche Ansichten

Trotz der Zunahme der Berichte geht Finkelhor davon aus, daß fünfundsiebzig bis neunzig Prozent der Opfer von sexuellem Mißbrauch nie darüber sprechen. Oft sprechen viele, die ihr Geheimnis preisgeben, erst als Erwachsene, und wenn sie sich anonym äußern können, davon. Finkelhor stellt zwei gegensätzliche Ansichten darüber dar, warum einige davon sprechen und andere nicht. Seine Untersuchung stützt weder die Theorie von McCaghy noch die von Armstrong.

Nach McCaghy wird erst durch die Preisgabe des Geheimnisses aus der Mücke einen Elefant gemacht. Außenstehende interpretieren oder bewerten die Erfahrung, die zuerst mit keinerlei Schuld verbunden war. Die Folgen des sexuellen Mißbrauchs werden so durch die nachfolgenden Ereignisse bestimmt.[11] Finkelhor geht davon aus, daß die große Zahl derer, die nach seiner Untersuchung nicht über Inzest gesprochen haben, ihre Situation richtig beurteilten und zu Recht schwiegen. Sie fürchteten die zornige und hysterische Reaktion anderer.

Eine gegenteilige Ansicht vertritt Armstrong, der behauptet, daß es eine dauerhafte Narbe verursache, wenn das Opfer nicht über den Mißbrauch sprechen könne. Das bedeutet, ihr zufolge, daß die Betroffene nie herausfindet oder sich dessen sicher sein kann, was andere darüber denken. Es bleibt ein Gefühl des Andersseins und ein unauslöschliches Stigma. So vergrößert sich das Trauma für das Opfer. Die Situation erscheint aussichtslos. Sowohl der Schaden, der durch die Enthüllung angerichtet wird, als auch das Leiden am Schweigenmüssen und an der Stigmatisierung erscheinen schlimmer als die Erfahrung selbst.[12]

Die Daten, die Finkelhor in ausführlichen Interviews mit Collegestudenten herausfand, weisen darauf hin, daß nur ungefähr ein Drittel der Betroffenen irgendjemandem von ihren Erfahrungen berichtet hat. Denjenigen, die darüber sprachen, ging es kein bißchen schlechter oder besser als denjenigen, die es verschwiegen. Andere Faktoren als die Frage, ob darüber gesprochen wurde oder nicht, wirkten sich negativ auf die Erfahrung aus. Dazu gehörten das Alter, Geschlecht und die Beziehung zum Täter, ob Gewalt angewandt wurde oder nicht, und die Dauer des Mißbrauchs.[13]

Ob der Mißbrauch geheimgehalten wird oder nicht, emotional wirkt er sich im Leben des Opfers immer aus. Ich glaube aus mehreren Gründen, daß das Sprechen über das Geheimnis mit seelsorgerlicher Hilfe der hilfreichste Umgang damit ist. Wenn sexueller Mißbrauch ein Geheimnis bleibt, das nur dem Opfer und dem Täter bekannt ist, staut sich, im Bild gesprochen, eine negative Energie bis zur Erzeugung von Hochdruck an und richtet inneren Schaden an. Wenn über Mißbrauch gesprochen wird, findet zwar selbst in der idealen Situation zusätzlich zum ursprünglichen Trauma eine emotionale Belastung statt, das Gespräch mit einem Therapeuten hilft aber, die bis dahin eingeschlossenen Energien in einem jahrelangen Prozeß zu kanalisieren. Das Opfer steht nicht mehr unter dem Druck, das Geheimnis wahren zu müssen.

Noch viel mehr Untersuchungen sind nötig, um die Auswirkungen von Inzest zu verstehen. Bei so vielen Fällen, die geheim bleiben, werden wir nie eine repräsentative Gruppe von Befragten für Untersuchungen zur Verfügung haben.

Eine sehr begrenzte, nicht vorurteilsfreie Untersuchung über heranwachsende straffällig gewordene Frauen, die Opfer von sexuellem Mißbrauch waren, wies darauf hin, daß wenige Opfer, die von sich aus selbst über ihre Erfahrungen sprechen, als Folge des Mißbrauchs ernsthafte sozioemotionale Störungen oder Verhaltensstörungen aufweisen.[14] Eine andere Untersuchung wurde in einem Heim für schwer erziehbare Jugendliche durchgeführt. Die Ergebnisse der Untersuchung zeigten »großes Leiden, nachdem der Inzest aufgedeckt wurde, hauptsächlich aufgrund der starken Reaktionen der Umwelt auf diesen Akt, der immer noch in den meisten Gesellschaften ein Tabu bleibt.«[15] Beide Untersuchungen beweisen im Grunde genommen nur, wie vielfältig die Reaktion auf sexuellen Mißbrauch sein kann.

Im Fall von Geschwisterinzest ist der Täter, der sich an seinen Schwestern oder jüngeren Geschwistern vergreift, oft männlich. Einige Eltern, die sich des Mißbrauchs unter den Geschwistern bewußt sind, verdrängen dieses Wissen.

Laut Sgroi wird das Opfer aufgefordert zu schweigen, selbst wenn ein mißbrauchtes Kind erzählt, was passiert ist. Eltern machen sich Sorgen darüber, was die Nachbarn denken könnten und drohen dem Kind mit Strafen, wenn es »petze«. Das Erlebnis des fehlenden Verantwortungsgefühls der Eltern ist in solchen Fällen anscheinend traumatischer als der Mißbrauch selbst.[16]

Was folgt, wenn die Geheimhaltung vorbei ist?

Die Aufdeckung des Mißbrauchs geschieht oft während der Pubertät absichtlich oder zufällig. Normale biologische, soziale und psychologische Veränderungen fördern die Aufdeckung. Mit dem ersten Eintritt der Regel kommt die Angst, sich Schaden zuzufügen oder schwanger zu werden.

Wenn eine Heranwachsende sich der in ihr entstehenden sexuellen Gefühle stark bewußt wird, erkennt sie vielleicht, wie sehr diese sich von ihren Gefühlen gegenüber dem Täter unterscheiden. Ihr wird wohl auch bewußt, daß die Gesellschaft Inzest und sexuellen Mißbrauch ablehnt. Außerdem kämpfen Jugendliche normalerweise um größere Unabhängigkeit. Dieser Kampf kann ihr die Abhängigkeit, die ihr durch den Täter aufgezwungen wird, stark bewußt machen.

Wenn die Jugendliche um Unabhängigkeit kämpft, zwingt der Täter sie vielleicht dazu, sich abzusondern, und schränkt ihr soziales Leben ein. Das Opfer bei Vater-Tochter-Inzest erlebt den Täter oft als sehr eifersüchtig und fürchtet, daß der Mißbrauch den anderen Geschwistern widerfährt, wenn sie ihre Unabhängigkeit erkämpft und für ihren Vater weniger zur Verfügung steht. Die Jugendliche beginnt vielleicht, ihn als narzißtischen, beherrschenden Menschen zu sehen. Da sie mehr Interesse an Gruppenbeziehungen mit Gleichaltrigen als an der einengenden

Vater-Tochter-Beziehung bekommt, erzählt sie vielleicht ihr Geheimnis, um mehr Freiheit zu erlangen.

Zufällige Enthüllungen können durch den Verdacht von dritter Seite kommen, wenn Verhaltensveränderungen, körperliche Verletzungen, durch Geschlechtsverkehr übertragene Krankheiten, Schwangerschaft oder frühreife sexuelle Handlungen festgestellt werden. In anderen Fällen wird der sexuelle Mißbrauch zufällig bemerkt. Manche Opfer haben vielleicht einfach eine schnelle Zunge und verplappern sich.

Wenn ein Kind über Mißbrauch spricht, kann diese Enthüllung indirekt, bruchstückhaft oder vollständig sein. Eine Jugendliche wählt vielleicht die Anonymität einer Telefonberatung, um das System zu testen, ob ihre Einschätzung der Dinge wohl von anderen geteilt wird, einige Antworten zu bekommen und vorübergehende Hilfe zu erfahren. Wenn das befriedigend verläuft, entscheidet sich das Kind vielleicht für eine vollständige Aufdeckung. Einige Mädchen erzählen es ihren Müttern indirekt. Wenn die Mütter nicht auf sie eingehen, unternehmen sie normalerweise nichts weiter.

Wenn das Geheimnis einmal gelüftet ist, kann sich der Erwachsene, dem es erzählt wurde, dafür entscheiden, sich privat der Sache anzunehmen, um sozialen Druck zu vermeiden oder um zu verhindern, daß das Kind vor Gericht aussagen muß. Zunächst muß klargestellt werden,ob wirklich sexueller Mißbrauch vorliegt. Beweise für eine gerichtliche Strafverfolgung zu sammeln ist nicht einfach.

In anderen Situationen entscheidet sich der ins Vertrauen gezogene Erwachsene vielleicht, die gesetzlichen Möglichkeiten auszuschöpfen und die staatlichen Stellen über den Mißbrauch zu informieren. Über das weitere Vorgehen entscheidet dann die Behörde.

Das Opfer hat vielleicht wieder das Gefühl, ihr Schicksal nicht selbst in der Hand zu haben. Sie fühlt vielleicht, daß Erwachsene und außenstehende Behörden ihr nicht glauben und sie nicht verstehen, und nimmt eine Verteidigungshaltung ein. Sie hört vielleicht: »Es ist jetzt alles vorbei, laß es ruhen. Vergiß es.« Wenn alle um sie herum leugnen, kommt sie selbst leicht dazu, nur ausgewählte Erinnerungen zu nennen.. Erfahrene Beamte können aber bei der Aufdeckung eines Falles und bei seinen Folgen eine große Hilfe sein.

Das Kind erlebt oft eine anfängliche Erleichterung darüber, die Last des lange gehüteten Geheimnisses abzuladen. Es braucht Ermutigung, seine Geschichte zu erzählen, und Hilfe, um die wichtigen Fakten zu enthüllen. Auch wenn das Kind sich entscheiden muß, ob es die Geheimhaltung aufgeben will, braucht es Hilfe und die Befreiung von ungerechtfertigten Schuldgefühlen. Wenn es sich aus Versehen verraten hat, braucht das Kind auch Befreiung von der Angst. Das Aufdecken erhöht die Wahrscheinlichkeit von Gewalt und Verzweiflungshandlungen. Die Familie, besonders das Opfer, benötigt dann Schutz.

Der Täter leugnet den Mißbrauch normalerweise und versucht, die Glaubwürdigkeit des Opfers auf jede mögliche Art zu unterminieren. Er ist in Alarmbereitschaft, bedroht das Kind und kämpft darum, seine Machtposition dem Kind oder auch anderen Familienmitgliedern gegenüber so lange wie möglich behalten und ausnutzen zu können. Vielleicht versucht er auch die Folgen des Mißbrauchs zu bagatellisieren. Es ist nicht unüblich, daß der Täter dem Opfer die Schuld zuschiebt und sagt, ihr verführerisches Verhalten habe zu dem Mißbrauch geführt.

Aufdeckung bedeutet Trennung, weil entweder das Opfer oder der Täter von zu Hause fort muß. Dabei kann es sein, daß die Mutter und andere Familienmitglieder das Opfer beschuldigen, nicht früher darüber gesprochen zu haben und die Familie zu zerstören. Der Unterdrükkungszustand, wie Sgroi dies nennt, kann auch Isolation durch »sich verbündende« Familienmitglieder beinhalten. Die Jugendliche läuft vielleicht davon, schwänzt die

Schule oder geht sexuelle Beziehungen zu Gleichaltrigen ein. Häufig kommt es auch vor, daß diejenigen, die direkt oder indirekt betroffen sind, sich von jeder Situation fernhalten, die sie an den Mißbrauch erinnert. Es ist ein Mittel, schmerzliche Erinnerungen auf Distanz zu halten. Schuld zuweisen und sich distanzieren führen vom Heilungsprozeß weg.

Sehr wenige Fälle von sexuellem Mißbrauch werden je vor einem Gericht verhandelt. Für die Opfer, die doch vor Gericht aussagen müssen, bedeutet dies ein nochmaliges Durchmachenmüssen der Geschehnisse. Das kann weitere Belästigungen in der Schule und in der Stadt bedeuten. Es kommt auch vor, daß das Opfer widerruft, wenn seine Erwartungen nicht erfüllt werden, oder wenn der Druck unerträglich ist. Sie hat vielleicht das Gefühl, sie verrate ihre Familie, und wird sowohl von Schuldgefühlen als auch von Trauer niedergedrückt.

Einem Kind helfen, darüber zu sprechen

Das Aufdecken ist erst der Anfang für eine völlig neue Phase im Leben eines Opfers von sexuellem Mißbrauch, in vielen Fällen eine Phase, die fast genauso schwierig ist, wie die Zeit des ständigen Mißbrauchs selbst. Wahrscheinlich erlitt das Opfer durch den Mißbrauch und ihre Versuche, ihn geheim zu halten, ein Trauma. Jetzt wird sie mit dem Trauma der Aufdeckung und seinen Folgen konfrontiert. Die Behandlung des Opfers nach der Aufdeckung berührt wahrscheinlich ihre ganze Zukunft.

Was können Sie also tun, wenn Sie vermuten oder wissen, daß ein Kind sexuell mißbraucht wird? Hier sind einige Schritte, die dem Opfer helfen. Ähnliche Schritte werden in Kapitel acht zur Hilfe für den Täter und die Familie, die von dem Mißbrauch betroffen ist, genannt. Es gibt drei entscheidende Dinge, die jeden der folgenden Schritte bestimmen sollten: Sensibilität für das mißbrauchte Kind und andere Betroffene, Genauigkeit bei Erkundigungen und Berichten von Details und schnelles Handeln beim Melden des Mißbrauchs und aller anderen Fälle von Mißbrauch an die entsprechenden staatlichen Stellen.

1. Glauben Sie jedem Kind, das freiwillig Informationen darüber gibt, daß es mißbraucht wurde. Ein Kind lügt normalerweise nicht, wenn es sich um so ein Erlebnis handelt. Und je jünger das Kind ist, umso glaubwürdiger ist seine Geschichte. Ein Kind, das jünger als elf Jahre ist, kann auch mit viel Fantasie keine sexuellen Details erfinden. Es muß sich das Wissen aus eigener Erfahrung angeeignet haben. Selbst wenn das Kind lügen sollte, wäre es besser, zugunsten der Vorsicht und Sicherheit einen falschen Weg einzuschlagen, als weiteren Mißbrauch zuzulassen. Machen Sie sich die starken Gefühle, die das Kind empfindet, bewußt und loben Sie seinen Mut!

Dieser Schritt klingt vielleicht einfach, aber manchmal kostet es ziemlich viel, einem Opfer zu glauben. Leugnen ist viel einfacher. Immerhin besteht kein Handlungsbedarf, wenn das Problem geleugnet wird! Als Renate ihrer Mutter direkt von dem Mißbrauch erzählte, den sie bei einem Zahnarztbesuch erlebte, beschuldigte ihre Mutter sie, sich die Geschichte nur auszudenken, um sich vor dem nächsten Termin zu drücken.[17]

Während einige Mütter ihren Kindern glauben, weigern sich andere, in Aktion zu treten. Immerhin hat die Mutter wenig zu gewinnen und alles zu verlieren, wenn sie glaubt, daß ihr Mann ihre Tochter mißbraucht.

2. Wenn es Ihnen zum ersten Mal erzählt wird, versuchen Sie, so viel wie möglich über den Mißbrauch zu erfahren. Höchstwahrscheinlich wird Ihnen das Kind nur einen Teil dessen, was es erlebt hat, erzählen. Seien Sie vorsichtig, sensibel und drängen Sie das Kind nicht. Das bedeutet, dem Kind und anderen Beteiligten zuzuhören (wenn es möglich ist, mit ihnen zu sprechen, ohne die Sicherheit des

Kindes zu gefährden). Hören Sie nicht nur mit Ihren Ohren, sondern auch mit dem Herz. Machen Sie sich so bald wie möglich, Notizen. Dringen Sie nicht in das Kind, um Einzelheiten zu erfahren. Lassen Sie das Kind seine eigenen Worte gebrauchen. Geben Sie dem Kind nicht Aussagen vor und lassen es dann mit ja oder nein antworten. Achten Sie darauf, keinen Erwachsenen-Wortschatz zu verwenden. Die eigenen Beschreibungen des Kindes sind als Beweis glaubwürdiger, und wenn ein älteres Kind Worte wie »promiskuös« und »Prostitution« hört, könnte es sich selbst angeklagt fühlen.

Es ist nicht nötig, daß Sie alle Einzelheiten kennen, um Ihr Wissen oder Ihren Verdacht auf sexuellen Mißbrauch zu melden. Nehmen Sie die Nachforschungen nicht selbst in die Hand. Melden Sie sie den zuständigen Stellen. Sie richten mehr Schaden als Nutzen an, wenn Sie sich als Amateurdetektiv versuchen.

3. Überlegen Sie, ob der Täter möglicherweise noch andere oder potentielle Opfer hat, und sie vielleicht in verschiedenem Maße mißbraucht. Wenn das so ist, sollten für sie dieselben Schritte unternommen werden. Sie oder die zuständigen Behörden müssen vielleicht Nachforschungen anstellen; die anderen Kinder sind vielleicht nicht so bereit, den Mißbrauch zuzugeben.

4. Unternehmen Sie Schritte, ohne den Täter argwöhnisch zu machen, um das Kind vorübergehend vor jeder weiteren Gefahr zu schützen, bis das Jugendamt oder andere Stellen eingreifen können.

Wenn der Mißbrauch in der Familie des Kindes geschah, können diese Stellen helfen, den Täter zu entfernen, oder neue Unterbringungsmöglichkeiten finden, die das Opfer und den Täter voneinander trennen. Seien Sie bereit, dem Kind in der neuen Situation emotional beizustehen. In einer anderen Umgebung zu leben, die dem Kind unbekannt ist, und von bekannten Menschen, denen es vertraut, entfernt zu sein, kann dem Kind ein weiteres Trauma zufügen.

Wenn Sie nur den Verdacht auf Mißbrauch haben, dann versuchen Sie herauszufinden, ob Sie Beweise finden, die gemeldet werden müssen. Konfrontieren Sie das Kind vorsichtig mit Ihrem Verdacht. Wenn das Kind leugnet, daß es mißbraucht wird, aber Ihr Verdacht bestehen bleibt, ist es ratsam, mit dem Jugendamt Kontakt aufzunehmen und zu fragen, ob Nachforschungen angestellt werden sollten oder nicht. Telefonberatungen können anonym sein. Bitten Sie um Hilfe oder Rat, was Sie tun sollen und was nicht.

6. Wenn Sie es noch nicht getan haben, bereiten Sie das Kind auf die Befragung durch das Jugendamt und/oder die Polizei vor. Vergessen Sie nicht, wenn der Fall einmal aktenkundig ist, werden so bald wie möglich Nachforschungen angestellt, d.h. innerhalb von vierundzwanzig oder achtundvierzig Stunden. Erklären Sie dem Kind, daß die Leute, die kommen, Fragen stellen, damit sie wissen, wie sie das Kind besser beschützen können. Ermutigen Sie es, genau zu erzählen, was passiert ist. Nehmen Sie sich Zeit, dem Kind klarzumachen, daß es nicht schuldig ist, daß es nicht »schlecht« ist. Das Geheimnis wird nur Menschen erzählt, die es wissen müssen, um ihm zu helfen und es zu beschützen. Seien Sie ehrlich zu dem Kind – Schluß mit den Geheimnissen!

7. Wenn Vertreter der zuständigen Stellen kommen, um das Kind zu befragen, tun Sie, was Sie können, um für das Kind diese Erfahrung so wenig traumatisch wie möglich zu gestalten. Sie können vielleicht vorschlagen, daß das Kind an einem Ort, an dem es sich wohlfühlt, von den Leuten vom Jugendamt oder von der Polizei befragt wird.

Wenn die Nachforschungen einmal in Gang sind, erkundigen Sie sich, ob Sie einen Bericht über den Stand der Untersuchungen bekommen können, um zu erfahren, welche gesetzlichen Maßnahmen ergriffen werden. Den Eltern, dem gesetzlichen Vormund und in einigen Fällen auch demjenigen, der den Verdacht auf Kindesmißbrauch gemeldet hat, steht eine Kopie zu.[18]

Seien Sie realistisch, was die Grenzen der staatlichen Stellen angeht. Bei der Zunahme von gemeldeten Fällen von sexuellem Mißbrauch haben die Behörden eine überwältigend große Flut von Fällen zu bearbeiten. Zeigen Sie Unterstützung für ihre Arbeit und ihre schwierige Aufgabe. Wenn Sie meinen, daß etwas nicht ernst genug genommen wird, sprechen Sie das an.

8. Helfen Sie dem Kind zu verstehen, daß der sexuelle Mißbrauch keinesfalls seine Schuld war, unabhängig von den falschen Schuldgefühlen, die sich seiner bemächtigen. Widersprechen Sie dem Gedanken, daß das Opfer den Täter verführt habe. Versuchen Sie nicht, andere Familienmitglieder zu beschuldigen, weil diese dem Kind nicht geholfen haben. Wenn Sie diese Menschen beschuldigen, wird das Opfer noch mehr in die Verteidigungshaltung gedrängt und veranlaßt, nicht weiter dabei zu helfen, den Mißbrauch aufzudecken. Außerdem dauert es wahrscheinlich eine gewisse Zeit, bis diese Menschen ihren Teil der Schuld an der Situation akzeptieren.

Wenn möglich, helfen Sie dem Kind zu verstehen, warum es zu dem Menschen, der es mißbraucht hat, nicht nein sagen konnte. (Ein Kind hat nicht dieselben geistigen, sozialen, emotionalen und körperlichen Mittel zur Verfügung, um einem Erwachsenen widerstehen zu können.) Drängen Sie darauf, daß das Kind Hilfe bekommt, damit es die Folgen des Mißbrauchs und mögliche weitere erniedrigende Behandlungen bekämpfen kann.

Sie können davon ausgehen, daß verborgene sexuelle Befriedigung nur selten der Grund dafür ist, warum das Kind den Mißbrauch geschehen ließ. Meistens hat das Opfer nur Angst und fühlt Schmerzen in den unterentwickelten Geschlechtsorganen. Um den Mißbrauch nicht wirklich an sich heranzulassen, versuchen viele Opfer, ihre Gefühle abzutöten, und nicht etwa, das Erlebnis zu genießen.

9. Finden Sie für das Kind eine Gruppe von Menschen, die ihm beistehen, sobald Sie zu staatlichen Stellen Kon-

takt aufgenommen haben. Suchen Sie im Leben des Kindes wichtige Personen, mit denen zusammen Sie ein Hilfsnetz bilden können. Es können Familienmitglieder, Lehrer, Jugendgruppenleiter, Freunde oder andere sein. Versuchen Sie, jemand einzubeziehen, der beruflich mit Kindern zu tun hat, oder jemand, der solche Situationen schon erlebt hat. Übersehen Sie nicht den Sozialarbeiter, der hinzugezogen wird, kurz nachdem die Untersuchung beginnt.

Behalten Sie die Vertraulichkeit der Angelegenheit im Auge, aber überlegen Sie gemeinsam, was das Kind braucht. Sprechen Sie mit diesen Menschen über Ihre Sorgen und beten Sie gemeinsam für das Kind und für Weisheit und Einfühlungsvermögen für Sie.

10. Bieten Sie an, bei der Suche nach einem professionellen Psychotherapeuten für das Kind und die Familie zu helfen.

Bitte gehen Sie nicht davon aus, daß das Opfer gleich so weiterleben solle, als wäre nichts geschehen, nur weil der Mißbrauch vorüber ist. So einfach ist es nicht. Nicht nur das Trauma des Mißbrauchs muß verarbeitet werden, sondern auch die Denk- und Verhaltensweisen, die damit in Zusammenhang stehen.

Es gibt zwei falsche und schädliche Meinungen, die das Kind und die Personen, die es umgeben, nicht übernehmen sollten. Erstens, daß der Mißbrauch so zerstörerisch ist, daß das Opfer sich nie von diesem Erlebnis erholen kann; und zweitens, daß der Mißbrauch das Opfer so nachhaltig geschädigt hat, daß es nie mehr eine »normale« Rolle in der Gesellschaft wird spielen können.

11. Stehen Sie zur Verfügung – besonders mit einem offenen Ohr. Achten Sie auf Zeichen für Fortschritte oder fortgesetzten Mißbrauch. Er könnte weitergehen, auch wenn das Kind es leugnet.

12. Vergewissern Sie sich, daß Sie Ihre eigenen sexuellen Probleme verarbeitet haben. Erinnerungen an frühere negative sexuelle Erlebnisse, Angst und Unsicherheit müssen

verarbeitet sein, bevor Sie einem Opfer helfen können. Nur so können Sie zuhören, helfen und Vorschläge unterbreiten, ohne das Erlebnis des Kindes nur im Lichte Ihrer eigenen Probleme und Vorurteile zu sehen.

13. Haben Sie Geduld. Die Maßnahmen, die von öffentlicher Seite ergriffen werden, erzielen nur langsam ihre Wirkung. Es läuft vielleicht nicht so, wie Sie es erwartet haben. Der Verdacht auf Mißbrauch bestätigt sich vielleicht auch gar nicht. Und auch wenn das der Fall ist, kann die Sache lang und ermüdend sein. Das kann bedeuten, zu ungünstigen Zeiten und länger als erwartet zur Verfügung zu stehen. Die Tage, Monate und Jahre können an den Kräften zehren, aber der Einsatz lohnt sich, weil sie dem Opfer Hoffnung und Hilfe bringen. Erst wenn das Geheimnis preisgegeben wird und Maßnahmen ergriffen werden, hört der Teufelskreis des sexuellen Mißbrauchs auf.

8. Die anderen Opfer

Marco rief in einer Beratungsstelle an und bat um Hilfe, nachdem er ein Gemeindeseminar über sexuellen Mißbrauch besucht hatte. Er sagte, daß seine Schwester mißbraucht worden sei, und er wollte, daß sie eine Therapie beginne. Sie hatte zugesagt, einmal zu kommen, wenn ihr Bruder dabei sein könne.

Während der ersten Sitzung wurde offensichtlich, daß sie keine Hilfe wollte. Sie wartete mit Ausreden auf und erklärte, sie stehe kurz vor dem Abitur und würde bald studieren.

Während dieser Sitzung gab Marco zu, daß er seine Schwester belästigt hatte, und entschuldigte sich bei ihr. Er ging die ersten Schritte zur Verarbeitung seines Anteils an diesem Problem. Marco bat, zu weiteren Gesprächen wiederkommen zu dürfen.

In den nächsten paar Monaten fanden viele Veränderungen statt. Marco erinnerte sich, daß ihn eine Tante mit sexueller Absicht gestreichelt hatte, als er ungefähr sechs gewesen war. Und er konnte erzählen, daß er mit vorgehaltener Pistole bei seiner Arbeit als Polizeibeamter vergewaltigt worden war. Eine Folge dieses Mißbrauchs war für Marco das Bedürfnis, seine wiedergewonnene Macht zu demonstrieren. Mit der Zeit nahm sein Kampf um die Macht ab, und er brachte kein Gewehr mehr zu den Sitzungen mit. Später konnte er in einen Beruf wechseln, bei dem er kein Gewehr mehr brauchte.

Marco kämpfte noch einige Zeit um eine neue Identität, aber es wurde leichter für ihn, als er schließlich bei seinen Eltern ausziehen und allein wohnen konnte. Auch sich selbst zu vergeben, lernte er nur schrittweise. Schließlich engagierte sich Marco in einer Gemeinde, wo er Unterstützung und Angenommensein von neuen Freunden spürte und die Liebe Jesu mit anderen gemeinsam erfahren konnte.

Weil Marco Heilung und eine neue Art der Stärke gefunden hatte, wußte er auch, daß er warten mußte, bis seine Schwester bereit wäre, selbst Hilfe zu finden.

Wenn der Täter einmal bekannt ist, ist es wichtig, daß auch ihm Hilfe zuteil wird – das bedeutet Haft und Therapie, um weiterem Mißbrauch vorzubeugen. Es ist nicht so leicht, ihn zu erreichen, aber Gott hat ein besseres Leben für ihn, genauso wie für sein Opfer.

Den Täter erreichen

Dieses bessere Leben kann damit beginnen, daß Sie Mitgefühl für den Täter empfinden. Dies fällt Ihnen vielleicht leichter, wenn Sie die Lebensgeschichte des Täters betrachten. Dr. Nicholas Groth machte im Laufe der fast zehn Jahre, in denen er mit verurteilten Vergewaltigern arbeitete, die Erfahrung, daß die meisten von ihnen als Kinder mißbraucht worden waren.[1] Wir können Mitleid mit ihnen empfinden, weil sie auch Opfer sind. Die meisten von ihnen wurden zu Beginn ihrer Teenagerzeit mißbraucht. Sie dachten, für sie gebe es weder Hoffnung noch Hilfe. Ihr Bedürfnis, ihrem Zorn Ausdruck zu verleihen und zu beweisen, daß sie nicht ohnmächtig waren, aber auch ihre Suche nach Erfüllung führten zu Vergewaltigung. Wenn sich die Situation des Täters nicht änderte, kamen in manchen Fällen zur Vergewaltigung noch andere Formen von Brutalität hinzu.

Es ist klar, daß ein Täter, der andere sexuell mißbraucht, mit diesem Verhalten aufhören muß. Aber er braucht Hilfe von außen, um aufhören zu können. Im folgenden nenne ich Ihnen einige Schritte, die Sie gehen können, um einen Täter Gerechtigkeit, Barmherzigkeit und Hoffnung erfahren zu lassen!

1. Beschuldigen Sie den verdächtigten Täter nicht. Der Täter leugnet normalerweise. Wenn ein Kind einen Men-

schen des sexuellen Mißbrauchs anklagt, sagt es meistens die Wahrheit. Der Beschuldigte gerät in eine Verteidigungshaltung und versucht, unter alllen Umständen die Situation selbst zu kontrollieren. Ihre Aufgabe ist es nicht, jemanden für schuldig zu erklären. Machen Sie sich die Gefühle des Täters bewußt. Seien Sie vorsichtig, aber handeln Sie zielgerichtet. Wie der Beschuldigte emotional reagiert oder was er als nächstes tut, ist nicht vorhersehbar. Selbst wenn der Täter sich selbst bezichtigt, sollten Sie ihn nicht anklagen. Lassen Sie ihn begreifen, wie ernst die Sache ist, um die es geht.

2. Hören Sie dem Beschuldigten zu. Seien Sie einfühlsam und drängen Sie nicht. Stellen Sie keine Vermutungen an und üben Sie keinen Druck auf ihn aus. Versuchen Sie, sich vorurteilsfreie Notizen zu machen. Überlassen Sie den zuständigen Stellen das genauere Befragen. Versuchen Sie nicht, selbst Gerechtigkeit schaffen zu wollen.

3. Achten Sie aufmerksam auf Bemerkungen oder Hinweise, die auf den Verdacht hindeuten, daß es andere Opfer des Mißbrauchs gibt. Versuchen Sie auch, den anderen möglichen Fällen des Mißbrauchs nachzugehen.

4. Sorgen Sie genauso für die Sicherheit des Täters wie für die des Opfers. Es passiert so leicht, daß ein Mensch, der des sexuellen Mißbrauchs beschuldigt wird, der Reaktion der Öffentlichkeit zum Opfer fällt. Stellen Sie eine Distanz zwischen dem Täter und dem Opfer her, um weitere sexuelle oder körperliche Mißhandlungen zu vermeiden. Das kann für den Täter das Gefängnis oder eine andere Unterbringung außerhalb der Familie bedeuten. Der Täter kann sehr schnell auf Kaution freikommen.[2]

5. Melden Sie den zuständigen Stellen Ihren Verdacht auf Mißbrauch. Ermutigen Sie den Verdächtigten, sich selbst an die entsprechenden Stellen um Hilfe zu wenden. Nur weil er sagt, daß er es nie wieder tun werde, bedeutet das noch nicht, daß er wirklich aufhören wird. Geben Sie den Behörden alle Informationen, die Sie haben, egal ob

Sie diese für wichtig halten oder nicht. Das ist nicht nur Ihre gesetzliche Pflicht, sondern bringt auch sowohl dem Täter als auch dem betroffenen Kind die bestmögliche Hilfe.[3]

6. Bereiten Sie den Täter auf die Befragung vor. Ermutigen Sie ihn, kooperativ zu sein und Vertrauen zu haben, damit er die nötige Hilfe bekommt. Lassen Sie ihn seine Rechte wissen.

7. Stehen Sie für das Verhör und die gesetzlichen Verfahrensschritte zur Verfügung, wenn der Täter Sie darum bittet. Häufig kommen Fälle von Verdacht auf Mißbrauch gar nicht vor Gericht.[4] Der Beschuldigte braucht auch über das Verhör hinaus Hilfe. Seien Sie sich auch bewußt, daß die polizeilichen Untersuchungen zeitaufwendig sein können und daß der Gerechtigkeit oft nicht so schnell Genüge getan werden kann.

8. Helfen Sie dem Beschuldigten, seine Verantwortung für den Mißbrauch anzuerkennen. Leugnen, die Schuld anderen zuweisen und verharmlosen sind häufige Verteidigungsmechanismen. Gestehen Sie dem Täter einen sicheren Ort zu, an dem er die ganze Wahrheit erzählen kann. Halten Sie daran fest, daß der Täter für sein Verhalten verantwortlich ist und nicht auf das Opfer oder andere Menschen ablenkt. Der Beschuldigte muß vielleicht erst lernen umzudenken und sensibel zu werden, um seine Schuld am Mißbrauch zu erkennen, da er sich vielleicht nicht bewußt ist, daß er die Situation aus einem falschen Blickwinkel sieht.

Ein Inzestopfer erhielt Jahre nach dem Vorfall diesen Brief:

> Wir haben nie über die Vergangenheit gesprochen, aber ich möchte dich um Vergebung bitten, falls ich die Schmerzen und Leiden in deinem Leben mitverursacht habe. Als Teenager habe ich über Sexualität oder sowas gar nichts gehört. Ich erinnere mich nicht mehr an viel. Ich brauche dein Verständnis und deine Vergebung, wenn – ich erinnere mich einfach nicht mehr ... Bitte

bete für mich – ich brauche Kraft, um im Glauben am Herrn zu bleiben. Mit ihm zu sprechen, ist das einzige, was mir Kraft und Hoffnung gibt.

Ein anderes Opfer stellte ihren Vater Jahrzehnte, nachdem er sie mißbraucht hatte zur Rede. Es war ihr erster Kontakt nach vielen Jahren. Der Brief klagte ihn nicht an. Eher erklärte er, was der Tochter passiert war. Als Antwort schrieb der Vater, daß er schon vor vielen Jahren seiner Tochter vergeben habe, *was sie ihm angetan habe*!

Für diese beiden Täter war das Leugnen zum Lebensstil geworden. Der erste hatte die Erlebnisse so stark verdrängt, daß es ihm schwer fiel zu glauben, daß sie überhaupt passiert waren. Der zweite leugnete tatsächlich, daß der Mißbrauch von ihm ausging.

9. Hoffen Sie, daß der Täter sich ändert, aber seien Sie sich bewußt, daß das nicht immer der Fall ist. Überlegen sie, ob etwas getan werden muß, um den Täter und das Opfer endgültig voneinander zu trennen. Die oben erwähnte Frau, die ihrem Vater schrieb, begegnete ihm nicht lange nach diesem Briefwechsel zufällig wieder. Der Vater spielte wieder, wie während ihrer Kindheit, auf Sexuelles an, legte seine Hände auf die Hüften der Tochter und versuchte, sie länger zu küssen. Er hatte sich nicht geändert! Fünfundzwanzig Jahre waren seit dem Mißbrauch vergangen.

10. Der Beschuldigte braucht Menschen, die ihm helfen. Es ist wichtig, ihn nicht nur hinter Gitter zu setzen oder ihn zu meiden. Familienmitglieder oder ihm wichtige andere Personen können hilfreich sein, stehen aber in vielen Fällen nicht zur Verfügung. Es gibt auch Menschen, die selbst andere mißbraucht haben, und die Hilfe bieten können. Vertraulichkeit ist ein sehr wesentlicher Punkt, um Überreaktion von seiten der Öffentlichkeit zu vermeiden. Wenn der Täter einmal die Verantwortung für sein Verhalten übernimmt, kann er Schuldgefühle und Reue erleben. Das kann zu größeren Depressionen oder selbstzerstöreri-

schem Verhalten führen. Helfen Sie ihm, aber verschonen Sie ihn nicht vor der Einsicht in seine Schuld und vor dem Gefühl der Reue.

11. Achten Sie aufmerksam auf Gelegenheiten, um dem Täter zu helfen, Hilfe durch Psychotherapie zu finden. Die Therapie könnte durch Einzel- oder Gruppengespräche geschehen. Professionelle Hilfe kann Gelegenheit bieten, tieferliegende Ursachen, die zu dem Mißbrauch geführt haben, zu erkennen. Sie kann auch alternative Bewältigungsmethoden aufzeigen, um mit den belastenden Anforderungen des Lebens fertigzuwerden. Das Bekenntnis und der Zuspruch der Vergebung machen professionelle Hilfe und Strafe nicht überflüssig.

12. Stehen Sie zur Verfügung. Überlegen Sie, wie die Gemeinde sich bei einem Menschen außerhalb der Gemeinde in den therapeutischen Prozeß einbringen kann. Mit einem Täter, der zu einer christlichen Gemeinde gehört, müssen sein Verhältnis zur Gemeinde und die Chance, Beziehungen zu heilen, bedacht werden.

13. Haben Sie Geduld. Die Arbeit mit Tätern kann langwierig und undankbar sein. Der Täter widerstrebt vielleicht der Hilfe. Ein Mensch, der sich in einer Pflichtbehandlung befindet, ist nicht so empfänglich und motiviert wie ein Täter, der sich selbst angezeigt hat. Die Rückfallquote bei manchen Therapieprogrammen für Täter ist niedrig.

Die Geheimhaltung zu beenden, ist die einzige Möglichkeit, wie der Heilungsprozeß beginnen kann. Dem Opfer, dem Täter und anderen wird die Dimension des Mißbrauchs offenbar. Einige empfinden das Enthüllen des Mißbrauchs, als würde der Deckel eines Mülleimers aufgedeckt. Für andere ist es wie die Befreiung aus dem Kokon. An diesem Punkt geht uns die Tragweite des Geschehens auf.

Die Familie des Opfers oder Täters

Wie wir gesehen haben, gibt es auch Fälle, in denen ein Elternteil oder eine ganze Familie stillschweigend über den Mißbrauch hinwegsieht, obwohl er ans Licht gekommen ist. Terri kam aus einer solchen Familie. Als Sie dreizehn war, fing ihr Vater an, sie zu mißbrauchen. Als sie es ihrer Mutter erzählte, zwang diese sie, weiterhin sexuelle Beziehungen zu ihm zu unterhalten, weil sie keine Lust hatte, ihn selbst zu befriedigen. In solch einem Fall müssen beide Elternteile als Täter angesehen werden und brauchen beide die oben beschriebene Hilfe. Aber es gibt viele Eltern und Familien, die eine ganz andere Art der Hilfe brauchen, wenn die Tatsachen des Mißbrauchs einmal ans Licht gebracht wurden.

Die Folgen von sexuellem Mißbrauch mitansehen zu müssen, kann sehr schmerzlich sein. Für liebende Eltern ist das, als wenn bei einer zerbrechlichen Rose ohne Erklärung Blütenblatt für Blüttenblatt dahinwelkt. Wenn der Mißbrauch entdeckt wird, erleben diese Eltern eine Vielzahl von Gefühlen – Wut auf den Täter, Schmerz um ihre Kinder, Trauer über eine verlorene Kindheit, Schuldgefühle, weil sie das Kind nicht beschützt haben, und den Schock und die Verlegenheit, daß so etwas ihre Familie treffen konnte. Die meisten Eltern sind auf diese Nachricht nicht vorbereitet.

Im folgenden Bericht gibt eine Frau namens Laura Einblick, wie es ist, wenn man erfährt, daß das Kind, das man liebt, mißbraucht wird. Wie würden Sie dieser Frau helfen?

> Ein Freund rief an und fragte, ob er ein Wochenende bei uns wohnen könne. Er hatte geschäftlich in unserer Stadt zu tun und wie schon oft vorher, rief er uns an. Das Familienleben bei uns wäre für ihn eine willkommene Abwechslung zum Hotelbetrieb.
>
> Er hatte zwanzig Jahre vorher mit meinem Mann in der Bibelschule dasselbe Zimmer geteilt. Er ist ein ange-

sehener, geachteter Mann in seiner Stadt, ein ausgezeichneter Gemeindeleiter, Ältester, Jugendgruppenleiter und Sonntagsschullehrer.

Irgendwie war mir bei dem Gedanken an den Besuch sehr unbehaglich zumute. Weil er immer einen ungewöhnlichen Augenkontakt zu mir suchte, fühlte ich mich äußerst unwohl. Es war, als könnte er durch meine Haut durchsehen. Im Laufe des Wochenendes machte er offensichtliche Annäherungsversuche bei mir. Mein gesunder Menschenverstand warnte mich.

Wenn ich heute zurückblicke, bedauere ich es so sehr, daß wir am Samstagnachmittag unsere Kinder eineinhalb Stunden mit ihm allein zu Hause gelassen haben. Er war so gern bereit, auf sie aufzupassen, drängte uns fast, sie mit ihm zu Hause zu lassen. Er sagte, wir könnten uns ein bißchen mehr Zeit lassen, da er ja bei ihnen bleibe.

Als wir zurückkamen, war mir klar, daß etwas vorgefallen sein mußte. Er selbst deutete an, daß etwas nicht in Ordnung sei. Ich sah, wie er den Arm um unsere schöne achtjährige Tochter legte und sagte: »Wir haben ein Geheimnis«.

»Warum, oh warum nur habe ich nicht auf meine Gefühle gehört?« fragte ich mich. Jetzt wußte ich, daß mein Verdacht begründet gewesen war. Ich hatte meinem Mann vorher nicht gesagt, wie ich mich fühlte, weil ich glaubte, er würde mir nicht helfen oder mir nicht glauben.

Später an diesem Samstagnachmittag ging dieser ehrwürdige Gemeindeleiter ins Badezimmer, um unserer Tochter beim Baden zuzusehen! Ich hatte alle Hände voll damit zu tun, das Abendessen vorzubereiten, und bemerkte es gar nicht, bis die Kinder ins Bett gingen. Mein Mann fragte mich: »Was ist denn los? Du bist so unruhig!«

Nachdem wir an diesem Abend zu Bett gegangen

waren, verbrachte ich die ganze Nacht in Angst. Unser Gast war noch auf und sah im Wohnzimmer fern. Ich hatte nicht das Gefühl, daß ich gerade jetzt mit meinem Mann darüber sprechen könne, an wen sollte ich mich wenden, wenn er nicht so reagierte, wie ich es für richtig hielt? Sicher nicht an den Menschen, vor dem ich Angst bekommen hatte. Statt irgend jemanden etwas von meiner Angst zu sagen, lag ich wach, vor allem, um sicherzustellen, daß meine Kinder in Sicherheit waren. Einmal fragte mich mein Mann, ob ich noch wach sei. Ich bat ihn, die Schlafzimmertüren der Kinder zu schließen. Ich wußte, ich würde es klicken hören, wenn sie geöffnet würden. Diese Nacht war sicher die längste in meinem ganzen Leben.

Am nächsten Morgen war alles so, als ob nichts geschehen wäre. Wir gingen zum Gottesdienst. Beim Abendmahl stand unser Gast auf, da er Gemeindeältester war, und las einige Bibelstellen vor. Ich unterrichtete während des zweiten Gottesdienstes meine Sonntagsschulklasse.

Am Nachmittag, als meine Tochter und ich allein waren, stellte ich ihr Fragen. Sie wirkte verängstigt und eingeschüchtert. Etwas an ihr war anders. Der Stein in meinem Magen wurde immer größer.

Nachdem wir unseren Besucher endlich weggebracht hatten, sprach ich schließlich mit meinem Mann über meine Gefühle. Er gab mir recht, daß an diesem Besuch etwas Unangenehmes war. Wiederum leugnete unsere Tochter, daß irgendetwas Ungewöhnliches vorgefallen sei.

Die Zeit verging. Wir sahen, wie unsere schöne, glückliche, spontane Tochter sich allmählich veränderte. Sie wurde sehr wütend, mißtrauisch und explosiv. Ihre ausgezeichneten Leistungen in der Schule fielen ab. Wir wurden von ihrem Lehrer über ihr Verhalten in der Schule informiert. Aber sie war immer noch sehr schweigsam, was den Grund dieses Verhaltens betraf!

Ein Vierteljahr war vergangen. Als unsere Tochter in der Badewanne saß, bat sie mich, ihr zu erklären, was Menstruationsblutungen seien. Endlich einmal ergab sich die Gelegenheit, offen miteinander zu reden. Als wir über Sexualität sprachen, sagte ich ihr auch, daß ihr Körper ihr allein gehöre und daß niemand sie auf unangenehme Weise berühren dürfe.

Das war es! Sie brach in eine Flut von Tränen aus. Angst-, Scham- und Schuldgefühle kamen aus diesem früher sorglosen Mädchen heraus. Sie ist doch noch ein Kind! Doch sie ist wie eine Erwachsene vergewaltigt worden.

Ich bat meinen Mann, sich die genaue Schilderung unserer Tochter anzuhören. Es brach mir das Herz. Die Trauer, die ich damals fühlte und unter der ich auch heute noch leide, zerreißt mich. Sie erzählte uns, daß er ihr versichert habe, es sei in Ordnung, diese Dinge zu tun, und erklärte: »Ich tue das auch mit meiner eigenen Tochter.«

Als ich das alles hörte, stiegen in mir sofort Haß, Wut und Schuldgefühle hoch. Wie konnte das unserer Familie passieren? Mir? Ich war auch im Alter von neun Jahren vergewaltigt worden. Mein Mann und ich hatten unsere Kinder vor dieser schrecklichen Erfahrung schützen wollen. Wir konnten es nicht. Warum? Wir hatten unseren Kindern gesagt, sie sollten sich von niemandem berühren lassen und sich nicht entblößen. Wir sagten ihnen, daß sie nie Angst davor haben sollten, es uns zu erzählen, wenn jemand so etwas von ihnen verlangte. Warum war das passiert?

Ja, wir gingen zur Polizei und erstatteten Anzeige. Ja, das Jugendamt wurde informiert. Wir erfuhren, daß dieser »ehrwürdige« Freund, da er in einem anderen Bundesstaat wohne und da es unwahrscheinlich sei, daß sich dieser Vorfall in unserem Staat wiederholen würde, nicht ausgeliefert oder vor Gericht gestellt werden würde! Sein Bundesstaat wurde über den Fall informiert, um sein Verhältnis zu seiner sechsjährigen Tochter zu überprüfen.

Ja, selbst ein Jahr später ist dieser Alptraum noch gegenwärtig: Die Angst, nicht einmal in unserem eigenen Haus sicher zu sein, die Schuldgefühle, die ich mir als liebende Mutter mache, das Versagen, das ich mir vorwerfe. Ich weiß jetzt, daß man seinen eigenen Gefühlen trauen darf.

Wie großartig und mutig, daß unsere Tochter uns alles erzählte! Ihr Geheimnis ist ausgesprochen, und sie kann mit uns über einige ihrer Gefühle sprechen. Sie hat auch eine Therapie begonnen, damit die tiefen Verletzungen, die durch den Mißbrauch verursacht wurden, geheilt werden können. Durch Liebe, Hilfe, das Gefühl des Angenommenseins und durch Gebete bekommen wir allmählich das Gefühl, unser Alptraum komme zu einem Ende.

Ich habe immer noch eine große Wut und einen großen Haß auf unseren Besucher. Ich stelle unser Rechtssystem in Frage. Aber ich habe die Gewißheit, daß Gott ihn bestrafen wird ... Bitte beten Sie für uns, damit wir mit unseren Gefühlen richtig umgehen. Beten Sie, daß wir ein Verständnis für die Sünde, die unser Leben berührt hat, bekommen. Auch daß das alles zu Gottes Ehre und Ruhm dient. Beten Sie besonders für mich, daß ich mit der großen Wut richtig umgehe, die ich nicht nur auf den Täter habe, sondern auch auf unseren liebenden Gott.

Schritte zur Hilfe

Trauer. Schmerz. Schuld. Die Eltern des Opfers oder der betroffene Elternteil brauchen unmittelbare Hilfe – um ihrem Kind zu helfen und mit ihrem eigenen Schmerz fertigzuwerden. Hier sind einige Schritte, die Sie unternehmen können, um der verletzten Familie zu helfen.

1. Begegnen Sie den Eltern mit derselben Fürsorge, die Sie jedem anderen trauernden Menschen zuteil werden lassen würden. Machen Sie sich klar, daß die Eltern die verschiedenen Phasen der Trauer, Schock, Leugnen, Wut, Depressionen, das Bedürfnis irgendetwas zu tun und vielleicht schließlich das Annehmen der Situation, durchmachen. Aber seien Sie nicht zu ungeduldig, wenn das Annehmen der Situation länger dauert.

2. Stehen Sie zur Verfügung, um den Eltern zu helfen, ihre Entscheidungen zu treffen, die dem Kind Heilung und dem Täter Gerechtigkeit und Hilfe zuteil werden lassen. In einem Fall von Inzest müssen Entscheidungen getroffen werden, die die Einheit der Familie gefährden können. Es ist wichtig, den Eltern des Kindes nicht die ganze Verantwortung abzunehmen. Sie haben sowieso schon das Gefühl, die Kontrolle verloren zu haben, und wissen nicht, wem sie wirklich vertrauen können. Helfen Sie ihnen, die Situation zu verstehen, stellen Sie Möglichkeiten vor, und lassen Sie die Familie dann ihre Entscheidung selbst treffen.

3. Schenken Sie demjenigen, der damit zu kämpfen hat, daß in seiner Familie Inzest geschehen ist, das Gefühl, angenommen zu sein. Es ist leichter, Familien zu helfen, bei denen der Mißbrauch von außerhalb der Familie kam. Wenn der Täter der eigene Ehemann der Frau ist, ist es schwerer, das Problem anzusprechen.

4. Vermitteln Sie. Ein sofortiges Beenden der Gewalt ist entscheidend. Dazu kann es nötig sein, in eine Krise einzugreifen oder Täter und Opfer zu trennen.

5. Versuchen Sie, den Druck, unter dem die Familie steht und der zu Gewalttätigkeit führen kann, zu verringern. Das kann sofort geschehen, wenn die Streßfaktoren bekannt sind, oder im Laufe einer längeren Zeit mit frem-

der Hilfe. Wenn die Veränderungen zu abrupt sind, können sie den Streß eher vermehren als verringern.

6. Ermutigen Sie die ganze Familie, einen Psychotherapeuten aufzusuchen. Eine individuelle Therapie ist genauso nötig wie Sitzungen unter vier Augen für Eltern, Mutter-Tochter, Vater-Tochter und so weiter. Das Opfer kann vielleicht später eine Gruppentherapie in Erwägung ziehen, während die Familie in einer anderen Gruppe Hilfe und Verständnis findet.

7. Machen Sie sich bewußt, welche Kräfte eine Therapie freisetzen kann und achten sie darauf, daß Veränderungen stattfinden, aber daß sie Zeit brauchen. Eine Therapie zielt auf folgende Bereiche,in denen sich – auch unvorhergesehen und zunächst vielleicht problematisch – vieles ändern kann.

- Selbstwahrnehmung
- Gefühle identifizieren und beim Namen nennen
- Erkennen der eigenen Verhaltensmuster und des eigenen Verhaltens in Krisen
- angemessenes Ausdrücken von Wut und Trauer
- Klärung der Rollenverteilung
- Veränderung eingespielter Verhaltensmuster
- persönliche Kommunikationsfähigkeiten.

8. Nehmen Sie sich der Veränderungen in der Familie an. Alle müssen Neues lernen und neue Fähigkeiten entwickeln. Neue Einsichten müssen zu Überzeugungen werden, um das Selbstbewußtsein stärken zu können und Schutz zu gewähren. Wenn die Eltern lernen, was es eigentlich heißt, Eltern zu sein, verändert sich die ganze Familienstruktur und der »Machtbereich« jedes einzelnen. Die Familienmitglieder müssen lernen, negative Gefühle nicht aufzustauen, bis sie zu Gewalttätigkeiten führen. Die Fähigkeit, miteinander zu reden, ist dabei entscheidend.

9. Seien Sie gerecht. Nehmen Sie Abstand davon, Partei zu ergreifen oder Zwang auszuüben. Das kann nur zu Leugnen oder Feindseligkeit führen. Verurteilt zu werden,

ruft in den Beteiligten nur wieder das Gefühl wach, überwältigt und bedroht zu werden.

10. Sorgen Sie für Sicherheit. Das kann auch vorübergehende Aufnahme eines Opfer oder eines anderen Familienmitgliedes bedeuten. Vermeiden Sie es, ihnen alles abzunehmen, aber sorgen Sie für einen Raum, in dem sie ihren Gefühlen angemessen Luft machen können. Leihen Sie ein hörendes Ohr, ohne tausend Fragen zu stellen.

11. Erwarten Sie, daß die Familie sich verändert. Ermöglichen Sie diese Veränderung, ohne die Familie dem Erwartungsdruck auszusetzen. Das kann z.B. bedeuten, sie zu ermutigen, wenn Motivation fehlt. Vergessen Sie nicht, daß das Problem nicht ein für alle Mal aus der Welt geschafft ist – wie man es sich wünschen würde. Es ist viel Fingerspitzengefühl notwendig, um neue Abhängigkeit, Rettungsverhalten und Zwänge zu vermeiden.

Der Heilungsprozeß

Drei Gründungsmitglieder einer Selbsthilfegruppe in Kalifornien schrieben folgende Leitsätze nieder, nachdem sie diesen Prinzipien folgend Ermutigendes erlebt hatten. Ich glaube, die Grundsätze drücken genau aus, was bei der Heilung von Familien nötig ist:

Die Hand der Freundschaft, des Verständnisses und des Mitgefühls reichen, *nicht* urteilen oder verurteilen.

Unser Verständnis von uns selbst und unseren Kindern durch die Hilfe der anderen Teilnehmer und durch professionelle Leitung verbessern.

Mit unserer Wut und unseren Frustrationen neu umgehen und sie in andere Richtungen lenken als auf unsere Kinder.

Erkennen, daß wir nur Menschen sind und Wut und Frustrationen erleben; sie sind normal.

Begreifen, daß wir Hilfe brauchen, daß wir alle im selben Boot sitzen, daß wir alle schon viele Male so weit gewesen sind.

Nicht vergessen, daß es kein Wundermittel oder schnelle Veränderungen gibt; es hat Jahre gedauert, bis wir so weit gekommen sind.

Geduld mit uns selbst haben, immer wieder und immer wieder, und jeden Tag so zu nehmen, wie er kommt.

Jeden Tag mit einem Gefühl der Verheißung beginnen, denn wir müssen immer nur einen Tag auf einmal bewältigen.

Nicht vergessen, daß wir Menschen sind und immer wieder in den selben Fehler verfallen.

Nicht vergessen, daß es immer jemanden gibt, der bereit ist, zuzuhören und zu helfen.

Die liebevollen, konstruktiven und gebenden Eltern oder Menschen werden, die wir gern sein möchten.[5]

Es gibt viele Opfer von sexuellem Mißbrauch, die Hilfe benötigen. Einige treten ans Licht, andere bleiben im Dunkel. Es ist beim Prozeß des Helfens wichtig, daß man sowohl seine Macht als auch seine Grenzen kennt. Sie können ein wirklicher Helfer sein, wenn Sie gut informiert sind und die Opfer zu denjenigen führen, von denen Sie wissen, daß sie weiterhelfen können.

Der folgende Bericht drückt den Schmerz einer Frau aus, die sowohl die Mutter des Opfers als auch die Frau des Täters ist. Mirjam war selbst als Kind das Opfer von sexuellem Mißbrauch gewesen. Sie hat also Schmerz über Schmerz erlebt. Sie erklärt, welche Hilfe sie sich von der Gemeinde als dem Leib Christi am meisten wünscht.

> Es ist nicht schwierig, meine Bekanntschaft zu machen. Ich bin eine geschiedene Christin im mittleren Alter und versuche, mich und meine drei Kinder durch's Leben zu bringen ... Ich habe »normale« Kämpfe mit dem Alleinsein, meinen Finanzen und der Anpassung an Veränderungen. Es gibt jedoch auch eine verborgene Seite von mir, den geheimen Schmerz,

der nicht verstanden wird und der bestimmt nicht »normal« ist.

Man sagt, daß sexueller Mißbrauch das »bestgehütete Geheimnis« ist, und ich kann gut verstehen, warum das so ist. Die Geheimhaltung wird meiner Meinung nach zum Teil wegen der Angst vor den Reaktionen anderer aufrecht erhalten. Aber ich habe das Gefühl, wenn ich meine Geheimnisse nie mit Ihnen teile, werden wir beide viel verlieren: Ich gebe Ihnen dann nie Gelegenheit, mir zu helfen, und Sie werden nie meine Wunden berühren.

Ich werde nie den Tag vergessen, an dem meine Schwester mich anrief und mir sagte, daß mein Mann ihren Sohn, meinen (damals) neunjährigen Neffen, sexuell mißbraucht hatte. Ich werde mich auch immer daran erinnern, wie ich meinen jungen Sohn zur Polizeiwache brachte, wo er wegen der sexuellen Annäherungsversuche seines Vaters befragt wurde. Mein Mann war Pfarrer, und ich wußte, daß die Aufdeckung dieses Problemes seine Berufslaufbahn und alle meine Träume ruinieren würde. Ich war mir seines Problemes schon eine Weile bewußt gewesen, aber die Tatsache, daß es meine Familie so direkt betraf, zwang mich, die Wirklichkeit anzuerkennen und zu handeln. Ich habe wenigen Menschen erklärt, warum ich geschieden bin, auch wenn das bedeutet, daß ich als die Verantwortliche und Schuldige dastehe, weil ich die wahren Gründe nicht verrate.

Es würde mir helfen, wenn Sie vier wichtige Punkte in Ihrem Umgang mit mir beachteten:

– Bitte reagieren Sie auf mich mit *allen Ihren echten Gefühlen.* Seien Sie echt. Wenn Sie schockiert, wütend, abgestoßen oder traurig sind, dann zeigen Sie dieses Gefühl. Wenn Sie Gefühle zeigen (auch wenn diese negativ sind), beweist mir das, daß Ihnen etwas an meinem Fall liegt.

– Bitte eignen sie sich *Wissen* an. Lernen Sie so viel wie möglich über sexuellen Mißbrauch, damit Sie mir einfühlsame und sinnvolle Fragen stellen können.

– Bitte reagieren Sie auf mich mit *direktem Augenkontakt.* Blicken Sie nicht nach unten oder von mir weg. Ich sehe an Ihren Augen, wieviel Ihnen an mir liegt.

– Bitte bewahren Sie mir Ihre *gleichbleibende Freundschaft und Wärme.* Achten Sie darauf, daß Sie genauso freundlich und warmherzig zu mir sind, nachdem ich Ihnen alles erzählt habe, wie vorher.

9. Heilung für das Opfer

»Ich glaube nicht, daß ich je wieder einem Mann vertrauen kann!«

»Ich bringe meinen Vater um, wenn er es wieder versucht!«

»Ich hasse meine Mutter, weil sie mich nicht beschützt hat!«

»Selbstmord ist die einzige Antwort. Niemand wird mich mehr wollen nach allem, was er mir angetan hat.«

»Niemand, nicht einmal Gott, kann mich mit der ganzen Schuld lieben, die ich habe. Ich fühle mich so schmutzig!«

»Ich liebe meinen Vater immer noch und will ein Baby von ihm. Ich weiß, das ist nicht richtig, aber ich fühle immer noch so.«

»Ich verstehe meine sexuellen Gefühle nicht mehr und vertraue ihnen nicht mehr. Ich bin so verwirrt! Ist Homosexualität die einzige Möglichkeit für mich?«

Kinder empfinden vielleicht die Gefühle, die hinter diesen Aussagen stehen, aber ihnen fehlen die Worte und Begriffe, um sie anderen mitzuteilen. Die oben angeführten sind eher die typischen Antworten von erwachsenen Überlebenden von Inzest. Überlebende? Ja, weil sie leben und lernen, ein neues Leben zu führen. Dabei brauchen sie oft die Hilfe der Therapie, um ihre Probleme zu lösen.

Sie fragen vielleicht, ob professionelle Behandlung wirklich nötig ist, besonders für diejenigen, die den Heiligen Geist der Wahrheit als ihren Ratgeber haben (Johannes 14,16) und die sich an Gott mit der Bitte um Weisheit wenden können (Jakobus 1,5). Weil viele Jahre lang die Mehrheit der Christen der Meinung war, Therapie sei überflüssig, haben christliche Gemeinden Täter und Opfer allein gelassen und ihnen geraten, nur Gott zu vertrauen. Aber das ist eine fatale Haltung, da der Mißbrauch es ihnen schwer macht, überhaupt eine Beziehung zu Gott einzugehen. Als Folge davon bleiben die Opfer oft ohne Hilfe, und der Mißbrauch setzt sich in der nächsten Generation fort.

Ein solcher Mensch lehnt oft Gott, den Vater, ab, weil er als der Übermächtige, und nicht der Allmächtige angesehen wird. John G. Finch sagt, daß er »keinen einzigen Christen in der Therapie kenne, dessen Beziehung zu seinem Vater schlecht war und der trotzdem Gottes Liebe annehmen konnte.«[1] Ein Therapeut, der ein erfahrener Christ ist und auch die geistliche Dimension eines Menschen im Blick hat, kann für diesen Patiententyp eine große Hilfe sein.

Die psychologische Behandlung der Opfer sexuellen Mißbrauchs hat große Fortschritte gemacht, seit ich als Kind mißbraucht wurde.

Wie gut erinnere ich mich an die psychologischen Tests, die ich durchmachen mußte, nachdem ich von meinem Mißbrauch erzählt hatte. Die Tests erschienen mir endlos und unlogisch. Keine Therapie folgte, weil die Tests »feststellten«, daß ich keinen psychischen Schaden als Folge des Mißbrauchs davongetragen hätte. Aber so fühlte ich mich innerlich nicht.

Als die Jahre vergingen, fingen verborgene Probleme an, mich zu plagen. Als Kind war ich erleichtert, daß ich keine Therapie bekam, aber rückblickend wünschte ich, ich hätte eine Behandlung erhalten. Ich wünschte, jemand, der weiß, welches Gefühl es ist, mißbraucht zu werden, hätte mich angehört und begleitet. In späteren Jahren konnte ich eine solche Hilfe bei ausgebildeten Therapeuten und Teilnehmern einer Gruppentherapie erfahren. Die Hilfe, Hoffnung und Stärke, die ich durch die Therapie erlebte, hat es mir ermöglicht, anderen zu helfen und dieses Buch zu schreiben.

Anna ist eine andere Christin, die späte Hilfe erfuhr. Sie beschreibt ihre Erfahrung:

Ich weiß, sexueller Mißbrauch ist ein Thema, das vielen Menschen ein sehr unbehagliches Gefühl vermittelt. Trotzdem glaube ich, müssen wir uns mit sexuellem Mißbrauch auseinandersetzen, weil er nun einmal existiert. Warum ist es nötig, daß wir uns mit ihm beschäftigen? Warum können wir nicht einfach wegsehen und hoffen, daß das Problem sich in Luft auflöst?

Die Antwort auf diese Fragen lautet: Es gibt so viele Menschen, die mißbraucht wurden und diese Verletzung viele Jahre allein mit sich herumtragen. Die emotionale Verletzung und der emotionale Schmerz, die als Folge des sexuellen Mißbrauchs auftreten, sind sehr tief. Dieser Schmerz und diese Verletzung lösen sich nicht einfach auf.

Der Mann, der mich mißbrauchte, war mein Pfarrer. Er widmete mir als Teenager viel Aufmerksamkeit, gewann mein Vertrauen und nutzte mich dann aus. Ich glaube nicht, daß ich weiter ins Detail gehen muß, ich füge nur noch hinzu, daß es für mich eine sehr verwirrende Zeit gewesen ist.

Ich hielt es geheim, bis ich dreißig war. Ich hatte seit einiger Zeit verschiedene körperliche Probleme, doch es bestand kein medizinischer Grund dafür. Ich litt außerdem an Depressionen. Mein Arzt, der Christ ist, schlug mir weise vor, mit jemandem zu sprechen, zu dem ich Vertrauen haben konnte. Ich begann meine Suche nach einem christlichen Therapeuten. Am Anfang dieser Therapie wußte ich, daß ich mein Geheimnis preisgeben und mich mit ihm auseinandersetzen mußte, um wieder gesund zu werden.

Ich kann mich lebhaft an den Tag erinnern, an dem ich ihm davon erzählte. Ich hatte nie zuvor mit jemandem darüber gesprochen, und es fiel mir äußerst schwer. Als es einmal heraus war, half er mir mit Weisheit und Erfahrung, die Schmerzen zu verarbeiten – die emotionalen, physischen und geistlichen Schmerzen. Ich bin so dankbar, daß er das Wissen und die Fähigkeit hatte, mir auf allen diesen Gebieten zu helfen, aber besonders, daß er die nötige Sensibilität besaß, um mir durch viele geistliche Kämpfe hindurchzuhelfen.

Mein Bild von Gott war schrecklich verzerrt gewesen. Ich habe enorme Zweifel und Ängste deswegen durchgemacht – Zweifel wie: »Gibt es ihn wirklich? Wenn es ihn gibt, macht er sich dann überhaupt etwas aus mir?« Es ist äußerst schwierig für mich, seine Liebe zu sehen und zu fühlen. Ich hätte gern die Freiheit, Gott zu bitten, mir zu zeigen, daß er mich liebt, aber ich habe Angst, ihn darum zu bitten – ich habe Angst vor dem, was er mir vielleicht antut, damit ich seine Liebe erfahre und fühle. Ich kämpfe mit dem Gedanken, daß ich von ihm gebraucht werden will, und gleichzeitig kämpfe ich damit zu glauben, daß er es kann, weil ich diese ganzen Zweifel und Ängste habe.

Erst kürzlich habe ich die Entscheidung getroffen, auf bestimmte Situationen bewußt positiv zu reagieren. Wenn zum Beispiel eine Situation eintritt, in der ein anderer Mensch es völlig offensichtlich finden würde, daß Gott mir durch die Situation sagt, er liebt mich, werde ich mir selbst sagen, daß ich glauben will, daß Gott mir seine Liebe zeigt, auch wenn ich dessen nicht sicher bin. Ich hoffe, daß es mit der Zeit über eine verstandesmäßige Entscheidung hinausgehen und ein echter Glaube werden wird.

Ich wünschte, ich könnte sagen, daß ich das alles schon völlig verarbeitet habe. Ich habe es noch nicht, aber ich bin dabei. Für mich war dieser Prozeß manchmal langsam und entmutigend, aber ich bin für meine Familie und Freunde dankbar, die mich liebevoll unterstützen, selbst wenn mir nach Aufgeben zumute war. Weil ich mit Menschen gesprochen habe, die ähnliche Erfahrungen kennen und es sozusagen »hinter sich haben,« habe ich Hoffnung, daß ich auch Freiheit von der

Bindung, die mir der Mißbrauch gebracht hat, erleben werde.

In den letzten Monaten habe ich mich einer Gruppentherapie mit anderen Christinnen angeschlossen, die ähnliche Erfahrungen hinter sich haben. Das hat ein riesiges Bedürfnis in meinem Leben befriedigt. Ich erlebe bei ihnen liebevolles Angenommensein und Unterstützung.

Es gibt gutmeinende Menschen, die sagen: »Übergib doch einfach alles dem Herrn.« Wie schon gesagt, glaube ich, daß sie es gut meinen, und ich will glauben, daß sie mir helfen wollen. Doch ich glaube nicht, daß sie die Tiefe des Problemes ganz verstehen. Ihr Rat sagt doch, daß das Problem mit einer einzigen einfachen Entscheidung verschwinden wird. Ein solcher Satz lädt einem Menschen, der bereits verletzt ist, häufig eine große Last an Schuldgefühlen auf.

Ich sage nicht, daß der Herr nicht alles tun könnte, um die Folgen meines Mißbrauchs zu heilen. Er kennt und versteht alles, was mit diesem Problem verbunden ist. Deshalb, glaube ich, benutzt er die Menschen, die auf diesem Gebiet fachkundig und qualifiziert sind, um denjenigen zu helfen, die mißbraucht worden sind – genauso wie er Ärzte benutzt, um Menschen mit körperlichen Problemen zu helfen.

Vielleicht fragen Sie sich, was Sie tun können, um jemandem zu helfen, der sich so weit öffnet, daß er Ihnen erzählt, daß er oder sie sexuell mißbraucht worden ist. Ich möchte Ihnen dazu einige Empfehlungen mitgeben: Hören Sie liebevoll und geduldig zu, ohne zu urteilen. Lassen Sie den Menschen wissen, daß Sie sich etwas aus ihm machen. Ermutigen Sie den Menschen, professionelle Hilfe bei einem qualifizierten christlichen Therapeuten zu suchen. Ich hoffe und bete, daß meine Worte Ihnen neue Einsichten zu diesem heiklen Thema vermitteln.

Anna betont, welch Hilfe eine Therapie einem mißbrauchten Menschen bringen kann. Auch der Täter und die Familie können durch sie die nötige Hilfe erhalten. Zur Zeit werden in Amerika im ganzen Land neue Programme für alle drei Gruppen von Betroffenen entworfen. Diese Programme können individuelle, Gruppen- oder Familientherapie oder eine Kombination von allen dreien enthalten. Jeder Teilnehmer steckt sich gewöhnlich seine eigenen Ziele. Der Täter will zum Beispiel vielleicht so weit kommen, daß er seine Schuld zugeben kann und das Opfer von den Anschuldigungen entlastet. Familien suchen vielleicht nach den tiefsten Ursachen, die den Mißbrauch förderten. Durch Therapie können Einzelpersonen und Familien lernen, zu kommunizieren und Haltungen zu korrigieren, die zu dem Mißbrauch führten.

Der richtige Therapiestil und die Länge der Behandlung sind von Mensch zu Mensch verschieden. Einzeltherapie ist oft in der intensiven, krisenreichen Phase des Anfangs am besten und kann als Brücke zur Gruppentherapie dienen.

Auch Selbsthilfegruppen für Opfer von sexuellem Mißbrauch bieten Hilfe. Die Gruppenmitglieder zeigen oft ein besonderes Verständnis, weil sie dieselben Qualen selbst durchlebt haben, und sie können sich gegenseitig herausfordern, an den Problemen zu arbeiten. Eine Gruppe, die von ehemaligen Opfern geleitet wird und für diese bestimmt ist, bietet den Mitgliedern die Gelegenheit, zu helfen und Hilfe zu erfahren. Solche Gruppen können billig oder kostenlos sein und manchmal mehr Menschen aufnehmen als andere Gruppen. Einzel- und Gruppentherapien können von Männern oder Frauen, früheren Opfern oder Nicht-Betroffenen geleitet werden. Jede kann, je nach den Bedürfnissen des Menschen, der Hilfe sucht, besondere Hilfe bringen. Wie die Behandlung körperlicher Leiden muß auch die Behandlung psychischer Leiden individuell sein.

Problembereiche, die für Opfer sexuellen Mißbrauchs spezifisch sind

Porter, Blick und Sgroi[2] haben eine Liste von zehn Problembereichen aufgestellt, die der Behandlung bedürfen:

1. Leiden an dem Gefühl, »beschädigt« zu sein;
2. Schuldgefühle;
3. Angst;
4. Depressionen;
5. geringes Selbstwertgefühl und mangelnde soziale Fähigkeiten;
6. unterdrückter Zorn und Feindseligkeit;
7. mangelndes Vertrauen;
8. ungenaue Vorstellungen von der eigenen Rolle, Rollenkonflikte;
9. fehlende Reife trotz frühreifen Auftretens, Versagen vor altersgemäßen Aufgaben;
10. Mangel an Selbstbestimmung und Selbstdisziplin.

Obwohl diese zehn Punkte vielleicht nicht die Probleme jedes Mißbrauchsopfers abdecken, sind sie erfahrungsgemäß für die meisten Täter und Opfer von Kindesmißbrauch wichtig. Dieser Aufstellung folgend möchte ich Ergebnisse vorstellen, zu denen Therapeuten und zu denen auch ich im Gespräch mit Opfern sexuellen Mißbrauchs gekommen bin.

Ich zitiere auch einige Bibelverse, die für mich hilfreich waren. Aber da ein Opfer von Mißbrauch oft die Bibel aus einer anderen Sicht versteht, kommen Sie bitte einem Menschen, der nach sexuellem Mißbrauch Hoffnung sucht, nicht vorschnell mit Bibelversen. Versuchen Sie stattdessen, mit der Bibel zu ermutigen und dem Menschen zu helfen, irrige Auffassungen von dem, was Glauben ist, zu überwinden. Beschränken Sie sich darauf, Ihrem Gegenüber Gottes liebendes Bemühtsein um die Menschen klarzumachen. Gottes Liebe ist für ein Opfer oft sehr schwer zu verstehen. Vergewissern Sie sich, daß Ihre Liebe ein Annehmen des anderen einschließt und Vertraulichkeit bei allem, was der andere Ihnen mitteilt.

Leiden an dem Gefühl, »beschädigt« zu sein: Fast jedes Opfer von sexuellem Mißbrauch in der Kindheit fühlt sich durch dieses Erlebnis beschädigt, ob körperlich, emotional, sozial oder geistlich. Ich nenne das das »Mülleimergefühl«. Opfer können durch körperliche Schäden, Infektionen oder Verletzungen zu einem solchen Bild gelangen. Sie beschreiben sich oft als ein Stück Müll, etwas, das verfault ist. Eine Überlebende erzählte, daß sie nach dem Mißbrauch tatsächlich in eine Mülltonne kletterte. Eine andere wollte sich umbringen, indem sie in einen Müllsack kletterte, um zu ersticken. Sie hatte das Gefühl, wenn sie sich wegwirft, wird niemand sie vermissen.

Viele Opfer erleiden durch Mißbrauch körperlichen Schaden. Sie müssen ihre Vorstellungen von ihrem eigenen Körper und von dem, was passiert ist, zum Ausdruck bringen. Solche Gespräche können schmerzliche Erinnerungen bringen, besonders, wenn körperliche Verletzungen, physischer Schmerz oder eine Schwangerschaft eingetreten sind. Versuchen Sie, Hilfe und Begleitung anzubieten, um alle Mißverständnisse über Ursache und Wirkung hinsichtlich des Mißbrauchs zu korrigieren. Ein Mädchen, deren Menstruation beginnt, ohne daß sie versteht, warum sie auftritt, kann z.B.diese Blutungen als bleibenden Schaden verstehen, der durch den Mißbrauch aufgetreten ist, eine monatliche Erinnerung an das schreckliche Geschehen. Es kann ähnliche Mißverständnisse hinsichtlich Schwangerschaft, Abtreibung, ärztlichen Untersuchungen, künftiger sexueller Beziehungen oder Unterleibsoperationen geben.

Als Caroline sich einer Untersuchung und dann einer Operation unterzog, holten sie viele Erinnerungen an den Mißbrauch und ihre Hilflosigkeit ein. Das Legen einer Magensonde durch die Nase in ihren Magen führte zu demselben Erstickungsgefühl wie das Gefühl, das sie damals hatte, als sie als Kind zu oralem Sex gezwungen worden war. Eine Darmuntersuchung legte die Körperstelle frei, die ihr Vater benutzte, um sie zu mißbrauchen, und erweckte die bekannten Gefühle fehlender Intimität. Röntgenuntersuchungen erinnerten sie an pornographische Aufnahmen. Als sie eine Maske über das Gesicht gelegt bekam, hatte sie wie damals das Gefühl, sie ersticke an ihrem Mißbrauch. Als die schmerzlichen Erinnerungen eines Lebens, das durch den sexuellen Mißbrauch erschüttert war, in ihr hochstiegen, führte das zu einer Krise, in der sie jammerte und wie ein kleines Kind weinte. Durch diese Qualen konnten ihr nur Fachleute, die mit den körperlichen *und* psychischen Auswirkungen des Mißbrauchs vertraut waren, helfen.

Die meisten Opfer erleben auch einen Bruch in ihrer Beziehung zur Gesellschaft. Leider fördert die Gesellschaft oft dieses Gefühl, »beschädigt« zu sein, noch. Wenn der Mißbrauch bekannt ist, wird das Opfer von männlichen und weiblichen Gleichaltrigen und der Gemeinschaft gemieden. Aus diesem Grund fragen sich viele Opfer aus Angst vor Ablehnung und weiterer Verurteilung, ob sie einem Freund oder einem Ehepartner von dem sexuellen Mißbrauch erzählen sollen oder nicht. Ich hatte viele Jahre große Schwierigkeiten, außerhalb meines Berufes als Krankenschwester weiße Kleidung zu tragen. Immer wenn ich mir überlegte, wie es sein würde zu heiraten, fragte ich mich, ob ich ein weißes Kleid anziehen könnte – oder dürfte ich das wegen des Mißbrauchs nicht?

Während ein Teil der Gesellschaft ein mißbrauchtes Mädchen vielleicht meidet, können andere sie als »wandelnde Einladung« zu sexueller Betätigung ansehen. Für sie ist der sexuelle Mißbrauch ein Initiationsritus, der dem Mädchen geholfen hat, »erwachsen« zu werden. Diese Reaktion kann sogar noch schädlicher sein als die erste, weil sie den Mißbrauch durch eine wachsende Zahl von Tätern fördert.

Vielleicht kann das wachsende Bewußtsein für das Problem des sexuellen Mißbrauchs die allgemeine Reaktion der Gesellschaft ändern. Offensichtlich ist es für Opfer wichtig, daß es in ihrem Leben Menschen gibt, die sich ihnen gegenüber anders verhalten als die Mehrheit und weder das Opfer verurteilen, noch den Mißbrauch stillschweigend hinnehmen.

Ein erwachsengewordenes Opfer benötigt Unterstützung, wenn sie sich klarmachen möchte, welche positiven sozialen Beziehungen sie schon erlebt hat. Ihr können Sie helfen, wenn Sie ihr Statistiken vorlegen, die ihr zeigen, daß sie nicht allein steht, daß es andere gibt, die auch durch sexuellen Mißbrauch verletzt wurden. Helfen Sie dem Opfer, mit anderen ehemaligen Opfern zusammenzukommen, besonders mit solchen, die es geschafft haben, ihren Mißbrauch zu verarbeiten und die etwas erreicht haben, das ihnen wichtig ist. Helfen Sie ihr, sich zu entscheiden, wem sie von ihrem Mißbrauch sagen soll und wem nicht, nachdem sie sich die verschiedenen Reaktionen, die sie in der Gesellschaft erleben kann, vor Augen geführt hat.

Versuchen Sie, darauf zu achten, wie Sie mit Ihrem Gesichtsausdruck und Ihrer Stimmlage auf sie reagieren. Versuchen Sie, ihr auf jeden Fall Angenommensein und Respekt zu vermitteln. Eine körperliche Berührung, die nicht sexuell stimulierend ist, kann helfen, *wenn das ehemalige Opfer bereit dazu ist.* Es kann ein großer Schritt auf dem Weg sein, das Gefühl der »Unreinheit« loszuwerden.

Die meisten Opfer erfahren außerdem geistlichen Schaden, sie haben oft Angst, nie heilig, rein oder gerecht vor Gott zu sein. Ein Opfer hat vielleicht das Gefühl, Gottes Wertmaßstäben nie gerecht werden zu können, so sehr sie sich auch bemüht; deshalb fühlt sie sich von Gott abgelehnt. Wie kann ein solcher Mensch je das Gefühl haben, daß ihm vergeben ist und er zu Gottes Familie gehört? Das ist besonders schwierig, wenn der Mißbrauch sich fortsetzt.

Solch ein Mensch kann diesen Glauben nicht aus sich selbst hervorbringen. Wenigstens für eine Weile muß er sich auf Ihren Glauben stützen können, daß Gott einen positiven Plan für sein Leben hat (Jeremia 29,7-14), daß Gott seine Kinder nie fallen läßt (Psalm 138,8) und daß er durch seine Barmherzigkeit und seine Liebe erlöst und erneuert (Psalm 103,1-5).

Schuld: Obwohl die Mißbrauchte das Opfer ist, hat sie höchstwahrscheinlich das Gefühl, sie sei der schuldige Teil. Wenn sie jahrelang mit diesem Gefühl gelebt hat, so unwahr es auch sein mag, kann es nicht leicht verbannt werden. Sie fühlt sich vielleicht sogar schuldig, überhaupt an sexuellem Tun beteiligt gewesen zu sein.

Da sexuelle Kontakte zwischen Erwachsenen und Kindern für die Gesellschaft nicht leicht zu erklären sind, wird oft auf verbale oder non verbale Art vermittelt, daß das Kind den Mißbrauch herausgefordert und verschuldet haben müsse. Ein kleines Kind legt nicht einfach zufällig ein sexuell provozierendes Verhalten an den Tag oder kennt es zufällig. Es ist erlerntes Verhalten. Ein kleines Kind verursacht keinen sexuellen Mißbrauch. Selbst wenn ein Kind sexuell herausforderndes Verhalten gelernt hat, liegt es immer noch in der Verantwortung des Täters, die sexuelle Handlung zu verhindern. Versuchen Sie, die Betroffene zu vergewissern, daß sie das Opfer und nicht die Verantwortliche ist.

Sie fühlt sich wahrscheinlich auch schuldig, weil sie die Tat verraten hat und nimmt die Verantwortung für die Folgen, die das für ihre Familie hatte, auf sich. Machen Sie ihr die Rechte an ihrem eigenen Körper klar, Rechte, die in fast jedem Land gesetzlich geschützt sind. Erklären Sie, daß alle etwaigen Folgen der Aufdeckung des Mißbrauchs (Scheidung, Arbeitsplatzverlust des Vaters, öffentliche Verachtung, was auch immer) in der Verantwortung des Täters liegt und nicht in ihrer. Einige Therapeuten arrangieren gemeinsame Sitzungen mit den Betroffenen, bei denen der Täter gebeten wird, die Verantwortung zu übernehmen. Wenn eine Gegenüberstellung nicht möglich ist, kann der Therapeut vielleicht durch ein Rollenspiel eine fiktive Konfrontation herbeiführen, die dem Opfer die Möglichkeit gibt, seine Schuldgefühle abzuladen.

Wenn das Opfer einmal versteht, für welches Verhalten sie nicht verantwortlich ist, kann sie vielleicht auch lernen, für welchen Teil des Verhaltens sie verantwortlich ist. Helfen Sie ihr, sich für ihr Verhalten verantwortlich zu erklären, wenn das nötig ist, oder vermitteln Sie ihr die Teilnahme an einer Gruppentherapie, die ihr helfen kann, einen Umdenkungsprozeß zu erleben und sich selbst zu verstehen.

Das Opfer kann schließlich in selbstzerstörerischem Verhalten Schuldgefühle zum Ausdruck bringen, vielleicht indem es Körperteile, die sie an den Schmerz erinnern, verletzt. Vielleicht müssen Sie mit dieser Person einen »Vertrag« abschließen, um ein solches Verhalten zu unterbinden, und dann in regelmäßigen Abständen nachfragen, damit diese Selbstmißhandlung nicht stattfindet.

Für einen Christen können die Schuldgefühle wegen des Mißbrauchs überwältigend sein. Ein Opfer kann das Gefühl bekommen, daß die namenlose »unverzeihliche Sünde« doch einen Namen hat: sexuellen Mißbrauch erleben. Das Opfer hat vielleicht das Gefühl, daß auch noch so vieles Um-Vergebung-Bitten nicht genug ist. Und es wird auch nicht genug sein, weil falsche Schuldgefühle (ein Lieblingswerkzeug Satans) durch Bekennen nicht geheilt werden.

Weil das Opfer Gott oder anderen mißtraut, entstehen neue Schuldgefühle. Der Mißbrauch läuft vielen hohen moralischen Werten, die der Christ hat, zuwider: Das Opfer weiß, daß Geschlechtsverkehr außerhalb der Ehe falsch ist; daß man nicht egoistisch ist; daß man einem Elternteil oder Erwachsenen keinen Widerstand leistet (das Opfer war ungehorsam); daß man nicht lügt (das Opfer log, um den Täter zu decken); daß man nicht an sich denkt (nachdem das Geheimnis verraten wurde, genießt das Opfer besondere Aufmerksamkeit); außerdem darf man keine Wut auf den Täter und auf diejenigen, die sich weigerten zu helfen, einschließlich Gott zeigen. Sehr häufig wird Wut geleugnet. Sie richtet sich dann entweder nach innen und führt zu Depressionen, oder sie richtet sich nach außen und führt zu einem unannehmbaren, aggressiven Verhalten. Das Opfer muß die Geborgenheit Gottes kennenlernen. Der Täter muß die Vergebung Gottes kennenlernen. Jesus ist unser Hoherpriester und hat bereits für unsere Erlösung bezahlt (Hebräer 7,25; Römer 5,8-9; Psalm 34,22; 1. Johannes 1,9; 1. Korinther 6,9-11).

Angst: Angst kann sich auf vielerlei Arten ausdrücken, darunter auch wiederkehrende sexuelle Gedanken, Alpträume und Wünsche, die zu weiterer Schuld führen können. Angst führt Kinder und Erwachsene zu ungewöhnlichen Handlungen. Ein mißbrauchtes Kind kann sich verstecken oder davonlaufen. Ein mißbrauchter Erwachsener versteckt sich vielleicht hinter Perfektionismus oder Isolation. Einige beschreiben die Angst so, daß sie die Vorstellung haben, es gäbe keinen Platz, an dem sie sich verstekken konnten, wie sehr sie auch entfliehen wollen. Diese Opfer müssen einen Ort kennen, an dem sie Sicherheit erfahren. Ein Täter versteckt sich vielleicht dahinter, nach außen vollkommen, liebevoll und freundlich zu sein. Die einzige Hoffnung auf Frieden ist für diesen Menschen, den Mißbrauch zu bekennen.

Die größte Angst des Opfers besteht oft vor dem Aufdecken des Mißbrauchs und den Folgen dieses Verrats. Das Opfer fürchtet vielleicht Repressalien durch den Täter. Opfer berichten, daß in den seltsamsten Augenblicken und an den seltsamsten Orten das Gesicht des Täters vor ihnen auftauchte. Sie fürchten vielleicht die Reaktionen der Familie, Gemeinde und Stadt. Oft fürchten sie, daß sie bleibenden Schaden erlitten haben, ob emotional, geistig, geistlich oder körperlich, in der Form von homosexuellen Gefühlen, geistiger oder emotionaler Instabilität, ewiger

Trennung von Gott, körperlichem Schaden oder künftigen Behinderungen. Immer wieder macht sich das Opfer Sorgen, daß der Schaden nicht mehr zu korrigieren sei. Es geschieht leicht, daß das Opfer glaubt, daß irgendein angeborenes sexuelles Problem den Mißbrauch, die daraus folgende Ablehnung oder spätere Probleme bei intimen Beziehungen verursachte.

Zuallererst muß das Opfer wissen, daß der Schaden, den der sexuelle Mißbrauch angerichtet hat, nicht irreparabel ist. Dann muß jede Angst beim Namen genannt und verarbeitet werden. Es ist wichtig, herauszustellen, was begründete und was unbegründete Ängste sind. Irrige Meinungen müssen durch konkrete Informationen ersetzt werden. Der Aufbau von neuen Vertrauensbeziehungen bestärkt und erhöht das Gefühl der Überlebenden, in Sicherheit zu sein. Wiederum müssen sowohl das Opfer als auch der Täter begreifen lernen, daß Sie zur Familie Gottes gehören. Erinnern Sie sie daran, daß Gott sie an den Ort gebracht hat, an dem Hilfe geboten wird, und bestärken Sie die Vorstellungen von Gottes Gnade, Schutz und Liebe (1. Johannes 4,7-8; Römer 5,1-2; Psalm 34,4; 2. Timotheus 1,7; Psalm 111,10; 1. Petrus 5,7).

Depressionen: Häufig treten vor und nach dem Aufdecken des sexuellen Mißbrauchs starke Depressionen auf, die zu selbstzerstörerischem Verhalten führen können. Wenn das Opfer des Mißbrauchs, das unter Depressionen leidet, sich selbst zeichnen sollte, würde sie vielleicht einen platten, leeren Körper malen. Das Opfer kann traurig sein, das Bedürfnis haben, sich zurückzuziehen, müde sein und über körperliche Beschwerden klagen oder Selbstmordversuche unternehmen.

Um die Depressionen zu überwinden, muß das Opfer eines Mißbrauchs erkennen, daß man ihr glaubt und hilft, wenn sie ihren Gefühlen Raum gibt, und daß sie Gelegenheiten benötigt, die das ermöglichen. Sie muß positive Äußerungen über sich selbst und das Leben hören, die ihr durch die Zeit des selbstzerstörerischen oder zu Selbstmord führenden Verhaltens hindurchhelfen. Fachliche Hilfe ist nötig, besonders wenn eine medizinische Behandlung erforderlich ist.

Christen werden vielleicht depressiv, wenn sie den Rat, »einfach zu vergeben und zu vergessen« oder »fröhliche Christen« zu sein, nicht befolgen können. Wenn Sie mit Opfern von sexuellem Mißbrauch arbeiten, sollten Sie betonen, daß Jesus uns auffordert, die Vergangenheit zu vergessen und uns nach vorn auszurichten. Um sie vergessen zu können, müssen die Probleme verarbeitet und nicht einfach begraben sein. Jesus selbst hat geweint und sich gefreut. Gott schuf uns mit vielen Gefühlen und mit der Fähigkeit zu weinen (Psalm 34,18 und 43,5).

Geringes Selbstwertgefühl und mangelnde soziale Fähigkeiten: Ein Opfer von sexuellem Mißbrauch bezeichnete sich als »niemand«, statt ihren Namen zu nennen. Mißbrauch untergräbt das Selbstwertgefühl eines Menschen. Ein Opfer kann sich wertlos fühlen und meinen, ihr stehe nichts zu. Um sich selbst vor der Entdeckung zu schützen oder um das Opfer ganz von sich abhängig zu machen, hindert der Täter oft das Opfer daran, mit Gleichaltrigen zusammenzukommen. Das Opfer erwirbt daher keine normalen sozialen Fähigkeiten. Wie das Opfer die eigene Person empfindet, wird deutlich an der Art, über sich selbst zu sprechen. Einige sagen, sie seien unerwünscht und machen sich daran, das Gegenteil zu beweisen, dabei stürzen sie sich oft in verheerende intime Beziehungen. Viele öffnen sich der Prostitution.

Das Opfer braucht Hilfe, um die negativen Gefühle, die sie über sich selbst hegt, zu erkennen und loszuwerden. Helfen Sie dem Opfer, ihre positiven Eigenschaften zu entdekken. Wenn eine Frau gut aussieht, dann helfen Sie ihr, das zu erkennen, indem Sie ihr Fotos zeigen, auf denen attraktiv aussehende Personen zu sehen sind, mit denen sie sich durchaus vergleichen kann. Geben Sie ihr »Hausaufgaben« auf, die ihr Erfolgserlebnisse vermitteln.

Ein Mensch gewinnt ein hohes Selbstwertgefühl, wenn er seinen persönlichen Wert in Jesus Christus begreift. Dieser Prozeß kann mit der Unterstützung einer Gruppe gefördert werden. Christen, die selbst zu wachsen bemüht sind und die bereit sind, transparent und verwundbar zu sein, sind ausgezeichnete Vorbilder. An solchen Modellen kann ein Opfer lernen, daß sie nach Gottes Ebenbild geschaffen ist, von Gott bedingungslos geliebt wird, ewiges Leben hat, unendlich wertvoll ist und daß in ihr der Heilige Geist wohnt und ihr Kraft geben will, daß sie begabt ist zum Dienst, einen hohen Wert als Kind Gottes hat und ein wichtiger Teil des Leibes Christi ist. Aber für das alles ist ein liebevoller Kreis von Gläubigen nötig, der den mißbrauchten Menschen annimmt und ihm eine Chance gibt. Dasselbe kann für den Täter und die betroffene Familie gesagt werden (Epheser 1,17; Psalm 138,8 und 149,4).

Zorn und Feindseligkeit: Jeder Mensch drückt seinen Zorn anders aus, nicht nur einfach durch Brüllen und körperliche Gewalt. Verdrängung, Übertragung, Leugnen und Umlenkung sind Mittel, mit denen das Opfer von sexuellem Mißbrauch Zorn und Feindseligkeit versteckt, die sie gegenüber dem Täter und denjenigen, die den Mißbrauch nicht verhinderten, empfindet. Sehr oft hat ein Opfer »gemischte Gefühle« – Liebe und Wut, den Wunsch, den Täter zu schützen und zu bestrafen. Zorn kann positive Auswirkungen haben. Er kann motivieren, den Kreislauf des Mißbrauchs endgültig aufzudecken und zu beenden. Aber Zorn, mit dem schlecht umgegangen wird, kann eine Zeitbombe sein, die auf die Detonation wartet.

Durch Verdrängung kann das Opfer die Erinnerung an den Mißbrauch teilweise oder völlig abblocken oder sich – aber nur verschwommen an die emotionalen Folgen des Mißbrauchs erinnern. Es ist nicht ungewöhnlich, daß der verdrängte Zorn sich irgendwo ein Ventil sucht. Wenn der Zorn sich jetzt auf andere Menschen richtet, wie Seelsorger, Lehrer, Menschen, die dem Täter oder anderen, die den Mißbrauch nicht verhindern konnten, ähnlich sind, nennt man das eine Übertragung.

Manchmal war für ein Kind der Mißbrauch ein solches emotionales Trauma, daß Umlenkungen – psychosomatische Symptome ohne eine körperliche Ursache – auftreten können. Beispiele dafür sind Lähmungen, Sprech- oder Schluckstörungen, Taubheit, Empfindungslosigkeit, mangelndes Koordinationsvermögen oder verschiedene Arten unerklärlicher Schmerzen.

Die falsch gelenkte Wut eines Opfers richtet sich oft gegen Gott. Wo war er, als er gebraucht wurde? C. A. Courtois stellt fest, daß die meisten Opfer von sexuellem Mißbrauch sich wegen dieser Frage von Gott abgewandt haben.[3] Erklären Sie, daß Gott bestimmt zornig wegen des Mißbrauch ist, zorniger als das Opfer. Durch seine Liebe hat Jesus den Mißbrauch zusammen mit dem Opfer ertragen. Jesus selbst hat den Preis für die Sünde am Kreuz bezahlt. Gott zieht den Täter zur Verantwortung.

Das Opfer sollte diese Gefühle in einer Atmosphäre äußern dürfen, in der sie sich sicher und nicht gerichtet fühlt. Helfen Sie ihr, Möglichkeiten zu finden, ihrem Ärger Luft zu machen, die nicht destruktiv sind. Gruppentherapie ist eine gute Gelegenheit, zu lernen, wie andere mit ihrer Wut umgehen, und in einem begrenzten Umfeld positive Beziehungen zu anderen aufzubauen.

Für den Täter können Zorn und Feindseligkeit die tieferliegende Ursache für den Mißbrauch sein. Der Täter braucht vielleicht Hilfe, die Wurzeln seines Zorns zu erkennen, um den Zorn selbst verarbeiten zu können.

Es ist möglich, den Zorn zu überwinden und zur Vergebung zu gelangen. Kürzlich wurde ich zu meinem Mißbrauchserlebnis befragt und dazu, wie ich meinem Vater vergeben konnte. Ein Christ unter den Zuhörern bestand darauf, daß ich immer noch sehr wütend auf meinen Vater sein sollte, und deutete damit an, daß bei mir etwas nicht stimmen könne, wenn ich nicht länger auf etwas wütend bin, gegen das sich die Bibel ausspricht.

Ich merkte, daß der Moderator nervös wurde und nicht gerne sah, daß ich darauf antworten wollte. Ich erklärte, daß ich den Mißbrauch nicht gutheiße – ich hasse ihn und die Folgen, die er jahrelang für mein Leben gehabt hat. Ich versicherte dem Mann, daß ich den biblischen Grundsätzen glaube, wozu auch die Botschaft gehört, daß Gott dem vergibt, der Buße tut. Gott liebt meinen Vater genauso sehr wie mich, und er wünscht, daß mein Vater in Beziehung zu ihm tritt.

Ich glaube auch dem biblischen Grundsatz, daß es in der Verantwortung eines Christen liegt, anderen zu vergeben, denn er hilft dem, der vergibt und dem, dem vergeben wird. Als ich meinem Vater vergab, räumte ich ein Hindernis aus dem Weg, das mich davon abgehalten hatte, in meinem Leben weiterzukommen. Das bedeutet, daß die Handlungen meines Vaters mich nicht länger einschränken; ich bin nicht für ihn verantwortlich. Wenn ich mein Leben lang am Zorn festhielte, würde ich Gottes Pläne für mein Leben verfehlen. Gott hat den Mißbrauch nicht geplant, aber Gott hat diese schreckliche Situation trotz allem dazu benutzen können, mich Dinge über das Leben und über Gott zu lehren, die ich sonst nie gelernt hätte.

Vergebung ist einer der größten Schritte in der Therapie. Wenn das Opfer und andere ihren Zorn zugeben, kann der Prozeß der Vergebung beginnen. Bis dahin kann es lange dauern. Aber je mehr die verletzten Parteien dem Täter vergeben, um so mehr Freiheit schenkt Gott (2. Korinther 9,8; Psalm 90,14-15; Johannes 20,23; Kolosser 3,13; Markus 11,25; 2. Mose 34,6; Psalm 30,5; Epheser 4,26; 2. Korinther 2,10).

Mangelndes Vertrauen: Vertrauen wiederzugewinnen, kann dem Opfer noch schwieriger erscheinen als alles andere. Sexueller Mißbrauch kann schuld daran sein, daß ein Opfer die Fähigkeit verliert, *sich selbst* zu vertrauen, geschweige denn dem anderen.

Leider ist es leicht, das Vertrauen eines Menschen zu erschüttern, aber schwer, es wieder aufzubauen. Es kostet Zeit, Vertrauen neu wachsen zu lassen. Oft kann dieser Prozeß am besten durch die engagierte Hilfe Betroffener und durch einen Therapeuten gefördert werden. Wenn Opfer von Menschen, denen sie Vertrauen geschenkt hatten, mißbraucht wurden, fällt es ihnen leider schwer zu glauben, daß jemand tatsächlich verantwortungsvoll und sensibel sein kann. Deshalb ist es notwendig, das Ziel und die Vorgehensweise der Therapie geduldig zu erklären. Wenn man diesem Menschen ein Mitspracherecht bei der Gestaltung der Therapie einräumt, kann das hilfreich sein.

Opfern von sexuellem Mißbrauch fällt es außerdem schwer, Gott zu vertrauen. Wie kann man sich auf seine Souveränität, Heiligkeit, Vergebung und Liebe verlassen? Es ist schwer, der Bibel zu glauben. Verse, die einem anderen zum Trost werden, können in den Ohren eines Opfers wie Anklagen klingen, die nur noch mehr Schuldgefühle hervorrufen. Täter mit religiösen Überzeugungen benutzen manchmal Bibelstellen, um ihre Handlungen zu rechtfertigen. Wenn der Täter zu einer Gemeinde gehört oder behauptet, Christ zu sein, sehen die Opfer diesen Menschen oft als stellvertretend für alle Christen und finden es schwer, überhaupt jemandem in der Gemeinde zu vertrauen.

Zu sagen, daß ein Mensch Gott vertrauen sollte oder kann, zaubert dieses Vertrauen nicht einfach herbei. Es kann ganz im Gegenteil die Schuldgefühle des Opfers noch verschlimmern. Opfer und ihre Familien brauchen Zeit, um etwas über Gott zu erfahren, ohne verurteilt zu werden. Machen Sie ihnen klar, daß es nicht schlimm ist, Zweifel zu haben. Lassen Sie ihnen Zeit, Ihnen zu vertrauen, selbst wenn es ewig zu dauern scheint, bis eine Veränderung eintritt. Und hören Sie zu. Seien Sie konsequent in Ihrem Leben mit Jesus und erwecken Sie nicht den Eindruck, perfekt zu sein. Seien Sie echt, und sprechen Sie offen über das Auf und Ab in Ihrem Glauben. Geben Sie Gottes Wirken eine Chance (Epheser 3,16; Psalm 62,8; 1. Petrus 2,6; Psalm 28,7 und 29,15; Jeremia 17,7; Römer 10,11; Sprüche 3,5-6).

Ungenaue Vorstellungen von der eigenen Rolle, Rollenkonflikte: »Wer bin ich?« Das ist eine Frage, die sich ein Opfer von Mißbrauch häufig stellt. Das Opfer fühlt sich vielleicht, als wenn sie ein großes Schild mit sich herumtragen würde, auf dem steht »Mißbraucht«, »Benutzt« oder »Freiwild«. Sie meinte es, weil sie zu früh zu sexuellen Erfahrungen Erwachsener gezwungen wurde. Sie ist sich nicht mehr sicher, was eigentlich »normales« Verhalten wäre. Was einem sozialen Umfeld und einem bestimmten Alter angemessen ist, muß sie erst lernen.

In manchen Familien genießt das Opfer spezielle Privilegien. Familientherapie kann die einzige Möglichkeit sein, um festzulegen, was akzeptable Pflichten und Rechte für jedes Familienmitglied sind. Ein Kind, das zu einer kleinen Mutter geworden ist, braucht die Chance, wieder ein Kind zu sein. Wenn das Opfer schon erwachsen ist, kann ein Therapeut eine Spieltherapie empfehlen, in der dieser Mensch zum ersten Mal erfahren kann, wie gut es tut, einfach zu spielen.

Das Opfer muß erleben können, daß die Rolle des Sexualpartners nicht immer durch einen viel älteren Menschen eingenommen werden muß. Dazu muß sie erkennen, welche Rollen der Täter und andere in ihrem sozialen Umfeld gespielt haben. Zusammen mit Gruppentherapie hilft das dem Opfer, auf akzeptable Weise mit Gleichaltrigen in Beziehung zu treten. (Der Täter könnte genauso davon profitieren; die Unfähigkeit, zu Gleichaltrigen eine Beziehung aufzubauen, kann den sexuellen Mißbrauch überhaupt erst attraktiv gemacht haben.) Wenn das Opfer verheiratet ist, braucht sie vielleicht Hilfe, um die Rolle des Partners zu verstehen und zu sehen, daß nicht alle Menschen andere sexuell auszubeuten versuchen.

Diejenigen von uns, die in einer christlichen Gemeinde leben, müssen dem Opfer andere Rollenmodelle anbieten, die zur Grundlage für eine richtige Beziehung zu Gott werden können. Wenn ein Mensch bereit ist, auf die Bibel zu hören, dann zeigen Sie ihm Bibelverse, die Gott als Versorger, Beschützer, gerechter Richter und Arzt darstellen. Gott liebt das Opfer und den Täter bedingungslos. Finden Sie Möglichkeiten, diesem Menschen Ihre Liebe zu zeigen, die nicht sexuell verstanden werden können. Seien Sie ein Kanal für Gottes Liebe (Psalm 68,5-6; 116,6; 147,3; 1. Korinther 10,13; Johannes 17,15; Hebräer 10,30; Jeremia 30,17; 33,6).

Fehlende Reife: Nicht alle Opfer haben Probleme mit ihren Rollen oder den Rollen entscheidender Personen um sie herum, aber immer wurde das Opfer eines sexuellen Mißbrauchs seiner Kindheit beraubt. Sie muß das verstehen und sie benötigt Hilfe, Entwicklungsbereiche zu erkunden, in denen sie Defizite hat. Sie braucht vielleicht Hilfe, um Kinder und ihre Entwicklungsstadien und Bedürfnisse zu verstehen. Das Opfer muß vielleicht auch die Verwirrung über ihre sexuelle Identität bewältigen. Es ist gut, wenn sie mit einem Therapeuten des anderen Geschlechts in einer Umgebung zusammenarbeiten kann, in der sie sich sicher und nicht wieder überwältigt fühlt.

Menschen mit einer Persönlichkeitsstruktur, die sie unabhängig oder distanziert auftreten läßt, haben auf diesem Gebiet besondere Nöte. Sie meinen vielleicht, sie schafften es ganz allein mit ihrem Verstand, oder sie denken, daß der Mißbrauch ihnen nicht wirklich etwas ausmache. Der Stoiker wird verwirrt, fühlt einen emotionalen Schmerz und ein Bedürfnis nach Trost, bleibt aber distanziert. Der unabhängige Mensch lehnt vielleicht die Hilfe anderer ab.

Ein Zeichen für mangelnde Reife trotz frühreifen Auftretens ist Perfektionismus und eine starke Betonung starrer Lebensregeln. Für mich wurde es zu einer Lebensphilosophie, Pluspunkte bei Gott zu sammeln. Ich mußte in Gottes Augen perfekt sein und ihm als Missionarin dienen. Ich sehnte mich nach Freude und Freiheit in meinem christlichen Leben, und ich erlebte diese Freude auch, aber nicht oft. Ich konnte sie nur empfinden, wenn ich das Gefühl hatte, ich sei so vollkommen vor Gott, wie ich konnte, doch ich versagte anscheinend immer wieder.

Christen, die perfektionistisch sind, haben nicht die Freiheit, Gott und die Beziehung zu ihm zu genießen. Manche empfinden die Beziehung zu Gott als unbefriedigend, halten das aber geheim. Sie geben sich vielleicht vorbehaltlos dem Dienst für Gott hin, können aber in ihrer Arbeit für Jesus keine wirkliche Befriedigung erleben. Sie verstehen nicht, daß nur Gott selbst uns neue Kräfte schenken kann. Unser ganzes Streben nach Vollkommenheit kann dieses Gefühl, bei Gott geborgen und in Frieden zu sein, nicht vermitteln.

Sie können perfektionistischen Christen helfen, indem Sie ihnen Ihr eigenes Leben transparent machen und sie sehen lassen, wie Sie Ihre eigenen Grenzen annehmen, weil Sie wissen, daß Gott sein fertiges Werk durch Jesus in Ihnen sieht. Opfer und Täter können ihren Wunsch, alles sofort zu erreichen, überwinden, wenn Sie ehrlich zeigen, wie allmähliches Wachstum im Glauben bei Ihnen aussieht. Helfen Sie ihnen, sich erreichbare, vernünftige und realistische Ziele zu setzen, damit Perfektion nicht zu ihrem einzigen Kriterium wird (Philipper 3,12; Psalm 19,7 und 23,3).

Mangel an Selbstbestimmung und Selbstdisziplin: Um auszudrücken, wie sie sich fühle, bewegte ein Opfer eine Marionette – ein Gebilde ohne Kontrolle über die eigene Bewegung. Solch ein Gefühl ist vielen Opfern von sexuellem Mißbrauch gemeinsam. Wenn eine Frau lange mißbraucht wurde, wurde sie normalerweise auch davon abgehalten, ihre eigenen Entscheidungen zu treffen oder auszuführen. Diese Beschneidung ihrer Selbstbestimmung hemmt auch die Entfaltung ihres Willens. Andere Opfer reagieren auf diese Situation so, daß sie in den Bereichen, die sie kontrollieren können, extreme Selbstdisziplin zeigen, auch um das Geheimnis zu verstecken oder sich gegen weiteren Mißbrauch abzuschirmen. Kinder oder abhängige Menschen haben auf diesem Gebiet vielleicht ungewöhnliche Bedürfnisse und Nöte; Kinder müssen unter Berücksichtigung ihrer Entwicklungsstufe gefördert werden.

Freunde können den Betroffenen Gelegenheiten geben, Entscheidungen in einer Umgebung zu treffen, in der sie Erfolg und Mißerfolg riskieren können. Perfektionistische Opfer von sexuellem Mißbrauch müssen lernen, daß Perfektion nicht mehr für ihr Überleben nötig ist. Der Mißbrauch ist vorbei; es macht überhaupt nichts, einen Fehler zu begehen. Bei Einzel- oder Gruppentherapie kann ein Opfer Angenommensein und Sicherheit erfahren, etwas ausprobieren und riskieren. Wenn sie erlebt, daß ihr beim Therapeuten oder in der Gruppe nichts Schreckliches widerfährt, kann sie sich auch außerhalb der therapeutischen Umgebung entspannen.

Opfer und Täter, denen Selbstbestimmung und Selbstdisziplin ein Problem sind, haben vielleicht Schwierigkeiten, die biblischen Wahrheiten über die Herrschaft Jesu zu verstehen. Die Vorstellung, vom Heiligen Geist geleitet zu werden, kann äußerst bedrohlich wirken. Für solche Menschen klingen geläufige Sätze wie »Laß los und überlaß es Gott« eher nach »Du hast nichts zu sagen.« Um ihnen zu helfen, mit diesen Problemen fertigzuwerden, sollten Sie sich Zeit nehmen, über ihre Fragen hinsichtlich der Bibel und Gott sorgfältig zu sprechen, vorurteilsfrei zuhören und versuchen, ihnen zu helfen, eine neue Sicht von einem Leben auf der Grundlage der biblischen Botschaft zu bekommen (2. Petrus 1,2-8; Römer 5,2-11; Philipper 1,6).

Ein Wissenschaftler hat die in der Kindheit erlittenen

Verluste und ihre Auswirkungen auf das Leben als Erwachsener so zusammengefaßt: Die Folgen im erwachsenen Leben sind Verlust von Kontrolle, Sicherheit, Verspieltheit, Vertrauen, Ruhe, Selbstvertrauen, Selbstwertgefühl, sexueller Reife, Intimität, Trost und Gewißheit.

Der Trauerprozeß

Der Heilungsprozeß schließt nicht nur die oben genannten Therapiebereiche ein, sondern auch die Trauer um eine gestohlene Kindheit. Es ist der Prozeß, sowohl den Verlust der Kindheit als auch des erwachsenen Lebens als Folge des Mißbrauchs zu erkennen. Nichtwahrhabenwollen, Wütendsein, Verhandeln, Niedergeschlagensein und Annehmen gelten normalerweise als die Schritte in der Trauerarbeit. Das Schwanken zwischen diesen Stadien kann jahrelang anhalten.

Nicht-Wahrhaben-Wollen: Das *Verleugnen* des Geschehenen geht allen anderen Schritten im Heilungsprozeß voran, dazu kann gehören, daß der Mißbrauch vergessen wird, die Erinnerung daran verdrängt wird, man gefühllos wird und eine Mauer aufbaut. Während der Therapie kann es bedeuten, die Häufigkeit des Mißbrauchs, die Auswirkungen des Mißbrauchs, die Definition von Mißbrauch zu leugnen und den Mißbrauch im Vergleich zu den Erlebnissen anderer herabzuspielen. Auch die Hilfsbedürftigkeit selbst kann geleugnet werden.

Wut kann viele Formen annehmen. Vor der Aufdeckung kann das Gefühl der Wut geleugnet oder auf andere gelenkt werden. Es kann verinnerlicht werden. Das Opfer wird vielleicht depressiv oder sucht ein Ventil, wie zum Beispiel den Drogenmißbrauch. Während des Heilungsprozesses kann die Wut auch unkontrolliert hervorbrechen. Mit geduldiger Hilfe müssen neue Wege gesucht werden, die Wut auszudrücken.

»Verhandeln« kann vor der Aufdeckung z.B. heißen, den Täter zu erpressen, ihm zu drohen oder Forderungen an ihn zu stellen. Es kann auch bedeuten, daß man mit sich selbst verhandelt. Verhandeln während des Heilungsprozesses kann bedeuten, daß man einer Therapie nur für eine bestimmte Zeit zustimmt und aufgibt, wenn etwas nicht gleich funktioniert, oder nur bereit ist, Hilfe in Anspruch zu nehmen, wenn die anderen von Mißbrauch Betroffenen es auch tun.

Menschen, die am Anfang des Heilungsprozesses stehen, erleben in den meisten Fällen *Depressionen*; ihnen geht es zuerst einmal schlechter, bevor sich eine Besserung einstellt. Sie denken vielleicht, daß es keinen Ausweg gibt. Negative Gefühle legen sich wie eine schwarze Wolke um den Menschen. Es ist wichtig, an diesem Punkt nicht die Hoffnung aufzugeben.

Annahme bedeutet, zu erkennen, daß der Mißbrauch Folgen für das Leben des Opfers hat und daß sie Hilfe benötigt. Es bedeutet zu akzeptieren, daß sie nach dem Mißbrauch nie wieder dieselbe sein wird, aber daß sie sich ändern und zu einem reifen Menschen heranwachsen kann.

Obwohl diese Bereiche, die einer Therapie bedürfen, nicht erschöpfend angesprochen werden konnten, hoffe ich, daß das Gesagte eine gute Grundlage bildet, um die Probleme eines mißbrauchten Menschen zu erkennen und mit ihnen umzugehen. Es ist nicht leicht zu helfen. Das Opfer kann Sie ablehnen, genauso wie sie Schmerz und Nöte leugnen kann. Aber Jesus will, daß Sie durchhalten, weil bedingungslose Liebe genau das sein kann, was dem Opfer fehlt, um zu Gesundheit und Ganzheit zurückzufinden.

10. Was Sie tun können

Wenn ich im Gespräch mit Christen sexuellen Mißbrauch erwähne, erlebe ich sehr unterschiedliche Reaktionen. Einige sind interessiert, aber viele wechseln das Thema. Man erwidert mir: »Oh, gibt es das?« oder »Christen betrifft das doch nicht!« oder »Das ist ein schreckliches Thema. Wie halten Sie es nur aus, sich damit zu beschäftigen?« Wenn Menschen sich weigern, sexuellen Mißbrauch ernst zu nehmen, weigern sie sich damit nicht nur, Teil der Lösung zu sein, sie werden auch zu einem Teil des Problems. Diese Reaktion kann bei schweigenden Opfern von sexuellem Mißbrauch großen Schaden anrichten.

Aber einige sind auch interessiert. Dieses Kapitel schreibe ich für diejenigen Christen, die helfen wollen, sexuellen Mißbrauch zu verhindern, die Verletzungen von früheren Mißhandlungen zu heilen und den Teufelskreis zu durchbrechen.

Ich möchte einige Gedanken vorstellen, die das Problem des Zusammenhangs von sexuellem Mißbrauch und religiösen Vorstellungen aufgreifen. Es geht um konkrete Schritte, die die christliche Gemeinde gehen kann, um Verantwortung im Blick auf dieses Thema zu übernehmen und den Nöten von Opfern und Tätern gerecht zu werden. Dazu gehören das Aufgreifen des Problems in Unterricht und Lehre, die Schulung von Mitarbeitern, therapeutische Angebote und die Übernahme von Verantwortung im praktischen Bereich.

Unterricht und Lehre

Überall, wo von Seiten des Staates oder der Gemeinde unterrichtet und gelehrt wird, müssen die Inhalte im Blick auf das Problem des sexuellen Mißbrauchs neu überdacht werden. Welche Autoritäten prägen das Gottesbild einer Gesellschaft? Wie mag das Gottesbild eines Opfers von sexuellem Mißbrauch geprägt sein, vor allem, wenn der Täter der eigene Vater ist? Und wie steht es mit dem Täter, dessen Weg auf einer fest eingefahrenen Schiene verläuft? Wie falsch und fragwürdig kann hier alles erscheinen!

Wie können wir die Inhalte von Unterricht und Lehre ändern?

Das allererste muß sein, uns hinsetzen und den Betroffenen zuhören. Hören Sie auf ihre Fragen und Sorgen. Schenken Sie ihnen Ihre Aufmerksamkeit, ohne zu zensieren und zu urteilen. Stellen Sie Fragen. Behandeln Sie sie nicht als minderwertige Menschen, weil ihnen das widerfahren ist. Wenn Sie der Unterrichtende sind, können Sie von den Opfern selbst am besten Korrektur erfahren. Gehen Sie mit einer Betroffenen das Material durch, das Sie vorbereitet haben, und lassen Sie sie auch eigene Entwürfe erarbeiten.

Der erste Problemkreis, den es zu bedenken gilt, ist das Reden von Gott als einem Vater und die Erfahrung mit unserem menschlichen Vater. Gott der Vater hat Maßstäbe gesetzt und ist in seinen Wegen vollkommen.

Ein idealer menschlicher Vater orientiert sich an diesen Maßstäben und an Gottes Vaterschaft als Vorbild für sein eigenes Vatersein. Dazu gehört es auch, in moralischen Fragen Entscheidungen zu treffen, die für die ganze Familie Maßstab sind. Der »ideale Vater« sorgt für eine intakte Kommunikation: Er hört mit einem offenen Ohr und Herz zu und spricht ehrlich und offen. Drittens korrigiert er liebevoll, wenn es nötig ist, aber nicht, wenn seine Wut außer Kontrolle gerät. Viertens ermutigt er, lobt und respektiert den anderen, dessen Charakter dadurch im Sinn Gottes geprägt wird. Schließlich sorgt er für das Kind und schützt es. Aber selbst ein »idealer« Vater ist nicht vollkommen ...

Der Vater eines Mißbrauchopfers weist vermutlich in einigen dieser Punkte starke Defizite auf – so wird er sein Kind wohl kaum in einer sinnvollen Weise über Sexualität aufgeklärt haben, wohl kaum versucht haben, sein Kind zu verstehen, bevor er es straft und nur selten versucht haben, eine Umgebung zu schaffen, in der es sich geborgen fühlen kann. Wenn der Vater der Täter ist, bedeutet Vatersein für ihn vermutlich nur, Kontrolle und Macht auszuüben.

Um deutlich zu machen, wie schwierig es für ein Opfer von sexuellem Mißbrauch sein muß, die Eigenschaften, mit denen wir Gott beschreiben, zu verstehen, führe ich hier einige an:

– Gott ist unser Vater. *Ihr* Vater ist manipulierend, inkonsequent und hat Geheimnisse. Sie kann ihn vielleicht nicht »Vater« nennen. Sie verleugnet ihn oft oder wünscht sich, sie hätte einen anderen Vater.

– Gott ist Liebe. Die Liebe *ihres* Vaters kennt nur sexuelle Absichten, ist schmutzig und schmerzhaft.

– Gott ist allmächtig. Die Macht *ihres* Vaters ließ sie ohnmächtig sein.

– Gott ist heilig. Die Gerechtigkeit *ihres* Vaters war heuchlerisch, so daß sie sich auch zu schmutzig und unwürdig fühlte, um echter Heiligkeit zu begegnen.

– Gott ist allwissend. Das Wissen *ihres* Vaters erzeugte bei ihr nur Angst.

Wenn Gott der Vater anders ist als *ihr* Vater, muß sie sich zwischen ihnen entscheiden – und doch irgendwie ihren Eltern gehorchen? Wie kann sie einem Gott vertrauen, der so widersprüchliche Dinge fordert? Die Schlußfolgerungen von Mißbrauchopfern scheinen vielleicht sehr irrational, aber sie gründen sich auf diesen inneren Widerstand.

Die oben aufgeführten und viele andere Aussagen sind für Menschen, die von Mißbrauch betroffen sind, sehr schwer zu verstehen. Wenn Menschen, die in der Gemeinde Verantwortung tragen wissen, daß sexueller Mißbrauch existiert und wie er die Gottesvorstellung eines Menschen verzerren kann, können sie das bei dem, was sie sagen, berücksichtigen. Sie sind auch auf sehr grundsätzliche Fragen gefaßt und können durch ihre Antworten helfen, falsche Vorstellungen zurechtzurücken. Ein Täter muß wissen, daß er von Gott nicht wegen seiner Sünde verworfen wird. Er ist kein Versager, der nicht in der Lage ist, sich mit Gottes Hilfe zu ändern. Alles muß so gesagt werden, daß es hilft, klar zu machen, wer Gott wirklich ist. So erfahren Täter und Opfer Hilfe bei der Heilung ihrer Wunden.

Es gibt andere, von Christen oft gemachte Aussagen, die im Blick auf das Problem des sexuellen Mißbrauchs neu überdacht werden müssen. In der Vergangenheit reduzierten viele Christen die persönlichen Rechte auf ein Minimum und betonten, daß Kinder Erwachsenen bedingungslos gehorchen müßten. Wir müssen Rechte und Bedürfnisse betonen – besonders wenn es um das Recht über den eigenen Körper geht. Nur dann weiß ein Mädchen, daß es um Hilfe bitten kann und daß es Autoritätspersonen in Frage stellen kann, die von ihm etwas verlangen, das ihm falsch erscheint.

Ein Teil dieses Prozesses ist ein Überdenken der Geschichten in der Bibel. Das biblische Beispiel von Ruth wurde dazu benutzt, jungen Frauen zu zeigen, »wie man sich einen Mann fängt«. Natürlich zielt diese Geschichte auf etwas anderes. Ruth war eine junge Witwe, die sich dafür entschied, nach dem frühen Tod ihres Mannes bei ihrer Schwiegermutter zu bleiben. Sie hörte auf den weisen Rat einer älteren Frau. Sie war sensibel für die Führung Gottes; sie handelte nicht aus einem Impuls heraus. Boas betrachtete sie als Frau Gottes. Er drängte oder benutzte sie nicht, sondern wartete auf ihre Entscheidung.

Josef und Daniel sind andere gute, biblische Vorbilder. Josef widerstand den Annäherungsversuchen von Potiphars Frau. Obwohl er im Gefängnis landete, blieb er seinen Überzeugungen treu. Er warf seinen Brüdern ihr mißhandelndes Verhalten nicht vor, sondern bewies zur richtigen Zeit, daß er ihnen vergeben und sie angenommen hatte. Daniel wurde als Kind gefangengenommen, aber er konnte durch Gottes Weisheit dem starken äußeren Druck widerstehen.

Obwohl wir heute in einer anderen Zeit leben, ist der Druck, der junge Menschen und Erwachsene dazu bringt, Maßstäbe aufzugeben und sich anzupassen, derselbe. Die Bibel kennt viele Beispiele von Menschen, die solchem Druck widerstehen konnten. Erwachsene müssen auch *miteinander* darüber sprechen, was es bedeutet, heute in der Welt als ganzer Mensch zu leben. Das würde es leichter machen, den sexuellen Bedürfnissen, die durch Fernsehen, Kino und Zeitschriften verstärkt werden, entgegenzutreten – besonders, wenn eine Person ledig oder geschieden ist und deshalb diese Bedürfnisse nicht so befriedigen kann, wie sie es wünscht.

Schulung von Mitarbeitern

Wenn Sie mithelfen wollen, daß Menschen, die von sexuellem Mißbrauch betroffen sind, sich in Ihrer Gemeinde angenommen fühlen, sollten Sie sich auch überlegen, auf welche Mitarbeiter sie dort treffen, und ob diese überhaupt in der Lage sind, ihre Bedürfnisse zu erkennen und ihnen gerecht zu werden.

Denken Sie vielleicht einmal zuerst an die Kleinsten in Ihrer Gemeinde: Auch im Kindergottesdienst bzw. in der Sonntagsschule, in der Betreuung parallel zum Gottesdienst, in der Jungschar oder in anderen Gruppenstunden an Werktagen und bei Freizeiten wird ein Bild von dem vermittelt, was Familie ist oder sein sollte. Hier erkennt oft schon ein kleines Kind den Unterschied zwischen dem, was es hört, und dem, was es zu Hause erlebt. Das Kind sollte nicht nur biblische »Richtigkeiten« vermittelt bekommen, sondern auch spüren, daß es im Mitarbeiter einen Freund hat, der ihm zuhört, und der mit ihm zusammen überlegt, wie man Dinge ändern kann.

Schon in diesen Kindergruppen sollte über die Gefahr sexuellen Mißbrauchs informiert werden. Die Kinder sollten erkennen, daß die Gefahr real ist, ohne daß sie ständig Angst haben müssen. Entscheidend ist auch hier natürlich das Vertrauensverhältnis zum Mitarbeiter.

Überlegen Sie weiter, welche Gruppen in Ihrer Gemeinde Erwachsene erreichen, und versuchen Sie dabei, sich in die Rolle eines Opfers von sexuellem Mißbrauch einzufühlen: Könnte sie sich in einer dieser Gruppen wohlfühlen? (Dasselbe gilt natürlich auch für andere Menschen am Rande unserer Gesellschaft: Kennen Sie eine Gruppe, in der ein Homosexueller, eine Prostituierte, jemand, der Drogen nimmt, sich zu Hause fühlen könnte?)

Überlegen Sie auch, über welche Medien Menschen in Ihrer Gemeinde angesprochen werden. Klammern die Predigten, die Bücher, die auf dem Büchertisch liegen, die Musik, die »man« als Christ hört, die Filme, die »man« sieht, das Thema Sexualität und sexuellen Mißbrauch aus oder bieten sie auch in diesem Bereich wirkliche Lebenshilfe? Ich habe gerade christliche Musik in Kontrast zu vielen säkularen Liedern, deren Texte verbal mißbrauchend sind, als Hilfe und Ermutigung auf dem Weg meiner Heilung erlebt.

Mitarbeiter, die nicht nur mit ihren Worten sorgsam umgehen, sondern auch andere, kreative Möglichkeiten kennen, um Menschen in besonders schwierigen Lebenslagen anzusprechen und zu begleiten, werden dringend benötigt.

Für Eltern, auch für alleinerziehende Elternteile, wäre es sicher auch nötig, spezielle Abende oder Wochenenden zu Fragen von Erziehung, Sexualität und Mißbrauch anzubieten. Dabei ist es sinnvoll, Fachleute einzuladen.

Sie sollten als einzelne Christen oder als Gemeinde aber auch keine Skrupel haben, Einfluß in der Öffentlichkeit zu gewinnen oder Ihren Einfluß zu nutzen. Schlagen Sie bei Elternabenden im Kindergarten oder in der Schule vor, über das Thema des sexuellen Mißbrauchs, aber auch allgemeiner über Familie und Sexualerziehung zu sprechen. Schlagen Sie vor, daß dort, und auch in Ihrer Stadtbibliothek, in der Gemeindebücherei usw. Medien zum Thema ausgeliehen werden können. Machen Sie die Adressen und Telefonnummern von Beratungsstellen bekannt.

Therapeutische Angebote

Die Hilfe eines psychotherapeutisch ausgebildeten Fachmanns oder eines Psychologen zu suchen, ist heute in christlichen Kreisen viel weniger ein Tabu, als es das noch vor einigen Jahren war. Im Gegenteil: »Seinen« Therapeuten zu haben, ist fast schon zu einem Statussymbol geworden. Was man auch immer davon halten mag, für das Opfer sexuellen Mißbrauchs macht dies den Gang zu einer Beratungsstelle oder therapeutischen Praxis leichter.

Schwierig ist es aber nach wie vor, einen Berater oder Therapeuten zu finden, der das Problem wirklich erfaßt und bereit ist, sich mit der Betroffenen auf den langen und hürdenreichen Weg der Heilung zu machen. Sicher wäre es gut, einen qualifizierten Therapeuten zu finden, der zugleich Christ ist, ja aber auch dort, wo das nicht möglich ist, sollte professionelle Hilfe nicht abgelehnt werden. Immer aber sollte ein Therapeut die Bedeutung der religiösen Dimension für den Menschen überhaupt und für seinen speziellen Klienten anerkennen und dessen Überzeugungen achten, auch wenn er sie nicht teilt.

Wenn es auch traurig ist, daß die Aufdeckung von Fällen sexuellen Mißbrauchs zunimmt, wird es in den letzten Jahren so doch auch leichter, einen Therapeuten zu finden, der sich mit diesem Problem bereits befaßt hat. Als ich selbst nach Hilfe suchte, nahm ich mir die Gelben Seiten und rief nacheinander alle angegebenen Stellen an. Vieles schien mir nicht das Richtige für meine Bedürfnisse zu sein, und so telefonierte ich immer weiter und war schließlich erstaunt über das, was sich finden ließ.

Vertrauen Sie Ihrem eigenen Empfinden und bleiben Sie nicht bei einem Therapeuten, bei dem Sie sich unwohl fühlen. Wenn der Therapeut ein Mann ist, liegt Ihr Unbehagen vielleicht nur darin begründet, daß Sie sich wieder mit einer beherrschenden männlichen Figur konfrontiert sehen; das Problem kann aber auch tiefer liegen und einen Wechsel sinnvoll machen.

Praktische Hilfe

Die Gemeinde kann Gottes Liebe und Fürsorge dem einzelnen Menschen nahebringen. Welchen besseren Ort als die christliche Gemeinde könnte es geben, um Opfer und Täter die wahre Bedeutung von Vergebung und Heilung erfahren zu lassen? Das 18. Kapitel des Matthäusevangeliums will uns warnen, es kann uns aber auch ermutigen, uns auf die Seite der Kleinsten und Schwächsten in unserer Gesellschaft zu stellen.

Der erste Schritt sieht oft so aus: Um weiterem Mißbrauch vorzubeugen müssen Opfer und Täter getrennt werden. Wenn eine christliche Familie hier als Pflegestelle fungiert, lernt das Opfer vielleicht einen Ort kennen, an dem Menschen miteinander in enger Beziehung stehen, ohne einander auszubeuten. Besonders wenn der Täter der eigene Vater war, ist es für das Opfer wichtig, einen anderen Mann, einen anderen Vater zu erleben, der sich ihr ohne sexuelle Absichten zuwendet. Hier kann sie außerdem erfahren, welche Beziehungen andere Menschen zu Gott haben, und eigene Gottesvorstellungen korrigieren.

Überfordern Sie sich aber nicht. Anerkennen Sie Ihre eigenen Grenzen und suchen Sie sich andere Menschen, die mit Ihnen gemeinsam Aufgaben übernehmen. Teilen Sie innere und äußere Lasten, soweit Sie die Vertraulichkeit dabei wahren können.

Werden Sie zum Anwalt der Opfer, auch im politischen Bereich. Machen Sie sich mit Parteiprogrammen vertraut und lassen Sie die Behandlung dieses Themas zu einem Kriterium Ihrer Wahlentscheidung werden. Bemühen Sie sich, Kandidaten kennenzulernen, ihnen zu schreiben, mit ihnen zu reden und sie wissen zu lassen, was Sie denken. Engagieren Sie sich bei Aktionen, die für mehr Gerechtigkeit kämpfen oder z.B. gegen die Pornographie.

Denken Sie immer wieder daran, daß es nicht um statistische Daten geht, sondern um Menschen, die den Tod ihrer Kindheit, den Tod ihrer Unschuld erlebt haben, deren Persönlichkeit, so wie Gott sie geschaffen hat, zerbrochen ist, und die Heilung suchen.

Ein Weg, der die Mühe lohnt

Ich werde oft gefragt, wie ich meinen Vater und andere Personen, die mich mißbraucht haben, heute sehe. Wenn ich versuche, darauf zu antworten, muß ich sagen, daß ich sie anders sehe als vor einigen Jahren und auch anders, als ich sie zu Beginn der Arbeit an diesem Buch sah, und daß meine Meinung immer noch im Wandel begriffen ist. Das heißt nicht, daß ich gefühlsmäßig noch verwirrt wäre oder mir nicht klar darüber wäre, ob sie schuldig sind oder nicht.

Rückblickend erscheint mir das Leben nach dem Mißbrauch wie ein Rennen: Wenn man im Rennen steht, scheint das Ziel wegen der Anstrengungen, Mühen, Verletzungen und Gefahren schier unerreichbar. Aber wenn die Ziellinie erreicht ist, läßt man alle Schmerzen und Ängste hinter sich und weiß, daß es sich gelohnt hat zu kämpfen.

So erschien es mir nicht immer.

Zuerst betrachtete ich meinen Vater mit Angst und Schuldgefühlen. Ich war fast außerstande, mitzubekommen, was während der Jahre des Mißbrauchs und nach dem Aufdecken des Geheimnisses eigentlich geschah. Solange er mich bedrohte, war ich zwischen der Angst vor ihm und den Schuldgefühlen meiner Familie gegenüber hin- und hergerissen. Diese Zerrissenheit begleitete mich viele Jahre lang.

In mir herrschte eine versteckte Wut, ich war oft gereizt, geriet leicht mit anderen in Streit und war auch bekannt dafür, streng zu sein und andere kontrollieren zu wollen. Der Mißbrauch mußte oft als Entschuldigung für mein schlechtes Sozialverhalten und für die mangelnde Beziehung zu Gleichaltrigen herhalten. In den letzten acht Jahren wurde ich mir der Wut über das, was mein Vater mir angetan hat, bewußt. Manchmal überkam mich die Wut mit solch plötzlicher Heftigkeit, daß ich mich beim Autofahren zusammenreißen mußte, um nicht die Kontrolle zu verlieren und irgend jemanden zusammenzufahren. Ich sah meinen Vater als jemanden, der meine Zukunft, mein ganzes Leben ruiniert hatte, besonders, als ich mich einer schweren Unterleibsoperation unterziehen mußte.

Die Angst blieb, und auch die Wut, bis ich meinen Vater wiedersah. Er war kein Riese mehr, sondern ein gebeugter Mann, kleiner als ich. Ich wurde zornig, als ich merkte, daß er mir immer noch die Schuld zuwies und keine Verantwortung übernehmen wollte. Aber ich sah auch, wie schwach er war, und ich mußte nicht mehr das ängstliche kleine Mädchen sein.

Als die rauhe Schale, die ich zu meinem Schutz um mich gelegt hatte, brach, konnte ich spüren, wie verletzt ich war. Jahrelang hatte ich nicht geweint. Ich konnte mich nicht erinnern, je überhaupt wegen des Mißbrauchs geweint zu haben. Es war ein erster Schritt in der Trauerarbeit. Die Trauer um meine verlorene Kindheit, um die verlorene Familie, die verlorene Unschuld und viele andere Verluste folgte.

Es gab dennoch Zeiten, in denen ich leugnete, daß der Inzest mein Leben so bestimmen konnte. Aber sie waren von kurzer Dauer. Ich glaube, daß ich dann offen für den Heilungsprozeß war. Als ich aufhörte, meinen Vater zu beschuldigen, und für mich selbst Heilung suchte, wich die Verwirrung über die Richtung meines Lebens.

Ich erkannte, Gott ist der einzige, der die Menschen, die mich mißbraucht haben, ändern kann. Meine Gedanken über sie gab ich im Gebet Gott ab. Jetzt sehe ich meinen Vater als jemanden, der einmal Teil meines Lebens war. Er hat mein Leben beeinflußt, und ich bin und bleibe seine leibliche Tochter. Aber er kontrolliert nicht mehr mein Leben. Ich bete manchmal für ihn, denke aber nicht täglich an ihn.

Manchmal, wenn irgend etwas mich wieder an den Mißbrauch erinnert, kehrt die Trauer zurück. Aber ich werde nicht mehr von der Wut übermannt, ich spüre Mitleid und trauere auch um meinen Vater, aber hoffe doch, daß er eines Tages Gottes Vergebung und Heilung kennenlernen wird.

Es ist ein schwieriger Weg, aber ein Weg, der die Mühe lohnt. Paulus faßt es im Philipperbrief so zusammen: »Ich bilde mir nicht ein, daß ich es schon ergriffen hätte. Eines aber tue ich: Ich vergesse, was hinter mir liegt, und strecke mich nach dem aus, was vor mir ist. Das Ziel vor Augen, jage ich nach dem Siegespreis: der himmlischen Berufung, die Gott uns in Jesus Christus schenkt.« (Philipper 3,13-14)

Möge dieser Weg den Betroffenen Hoffnung, Hilfe und Heilung bringen. Sie wurden vielleicht mißbraucht, aber nicht fallengelassen.

ANHANG:

Einige Hinweise, wie Sie dieses Buch lesen können, wenn Sie selbst betroffen sind

Zu: 1. Ein persönliches Vorwort

1. Schreiben Sie Ihre eigene Geschichte nieder – zügig, ohne lange über Einzelheiten nachzudenken, und lassen Sie Platz für spätere Nachtragungen. Lesen Sie sich das Geschriebene noch einmal durch, und fügen Sie so viele Einzelheiten ein, wie Sie können. Wiederholen Sie dieses Verfahren einige Male. (Vielleicht benutzen Sie jedes Mal, wenn Sie den Vorgang wiederholen, eine andere Farbe.) Schreiben Sie außerdem Ihre Gefühle nieder, sowohl die, an die Sie sich erinnern, als auch die, die in Ihnen hochsteigen, wenn Sie Ihre Geschichte lesen. Das Durcharbeiten dieser Gefühle ist notwendig.

2. Suchen Sie einen Menschen, dem Sie vertrauen können, und erzählen Sie ihm Ihre Geschichte. Geben Sie dem anderen Gelegenheit zu reagieren, aber geben Sie nicht auf, wenn die Reaktion nicht so ausfällt, wie Sie wollten oder erwartet hatten. Erzählen Sie nur mehr von sich, wenn Sie sich bei diesen Menschen gut aufgehoben fühlen.

Zu: 2. Was ist sexueller Mißbrauch?

1. Betrachten Sie Ihre Kindheit oder Ihre gegenwärtige Situation. Gibt es Situationen, bei denen man von Mißbrauch sprechen könnte?

2. Betrachten Sie, wie Ihre Beziehung zu Ihrem Ehepartner, Ihren Kindern und/oder Ihren Eltern ist. Wenn Sie sich nicht im klaren sind, wo Grenzen im Umgang zu setzen sind, sprechen Sie mit jemandem darüber, dem Sie vertrauen. Wenn Sie sich in einer Mißbrauchssituation be-

finden, sprechen Sie mit jemandem darüber, um zu einer realistischen Einschätzung Ihrer Situation zu kommen.

Zu: 3. Sündenböcke für Mißbrauch

Sündenböcke stehen der Heilung im Weg und verhindern, daß der Teufelskreis unterbrochen wird. Werfen Sie einen Blick auf die Sündenböcke, die Sie vorschieben, um den Mißbrauch zu leugnen oder umzudeuten. Was müssen Sie tun, um wieder das Eigentliche in den Blick zu bekommen und den Mißbrauch zu bekämpfen?

Zu: 4. Das Klima für Mißbrauch

1. Beschreiben Sie entweder mit Worten oder mit einem Bild Ihre Familie und Ihr Zuhause. Was sagt Ihre Beschreibung darüber aus, wie Sie sich fühlten, wie Sie miteinander umgingen und was das Fundament Ihrer Familie war? Besprechen Sie es mit einem Menschen Ihres Vertrauens.

2. Beschreiben Sie den Ort, an dem Sie mißbraucht wurden. Was müßte verändert werden, um diesen Ort sicher zu machen?

3. Blättern Sie alte Fotoalben durch, um einen realistischen Eindruck von Ihrer Familie zu bekommen. Die Fotos können ganz oder teilweise verschüttete Erinnerungen wecken. Beschreiben Sie die Rollen in Ihrer Familie und was die Rollenverteilung mit dem Mißbrauch zu tun hatte. Können diese Rollen verändert werden?

4. Wenn Sie eine eigene Familie haben, sehen Sie dieselbe Rollenverteilung in Ihrer gegenwärtigen Familiensituation? Was muß sich ändern, damit eine Mißbrauchssituation verhindert wird?

Zu: 5. Tätermerkmale

Beschreiben oder zeichnen Sie den Menschen, der Sie mißbrauchte, oder fertigen Sie eine Tonfigur von ihm an.

Sprechen Sie mit jemandem, dem Sie vertrauen, über ihn.

Zu: 6. Opfermerkmale

1. Beschreiben Sie mit Worten oder Bildern sich selbst, wie Sie vor, während und nach dem Mißbrauch waren. Beschreiben Sie, wie Sie gern wären.

2. Erstellen Sie eine Liste Ihrer Stärken und überlegen Sie, wie Sie mit Hilfe dieser Fähigkeiten konkrete Probleme überwinden können.

Zu: 7. Das Dilemma der Geheimhaltung

Wenn Sie zur Zeit mißbraucht werden, sprechen Sie mit jemandem darüber, dem Sie vertrauen. Es ist nie zu spät, aus dem Teufelskreis auszubrechen und Hilfe zu erfahren.

Zu: 8. Die anderen Opfer

1. Sprechen Sie in Ihrer Familie über die Rollenverteilung und den Anteil, den jeder daran hat, mit den anderen im Gespräch zu bleiben und aus der Familie einen Lebensraum zu machen, der Geborgenheit bietet.

Was meinen Sie, sind realistische Ziele im Blick auf die Zukunft Ihrer Familie? Wie können Sie dazu beitragen, daß sie erreicht werden?

2. Betrachten Sie die Menschen, von denen Sie wissen, daß sie von Mißbrauch betroffen sind. Überlegen Sie, wie Sie ihnen helfen können und wo Sie ein Vorbild finden können, das ihnen Orientierung gibt.

Zu: 9. Heilung

1. Erkennen Sie, daß Heilung möglich ist. Suchen Sie jemanden, möglicherweise einen Spezialisten, auf, dem Sie vertrauen können, und fangen Sie an.

2. Werfen Sie einen Blick auf jeden der von Sgroi vorge-

schlagenen Therapiebereiche. Denken Sie darüber nach, welches Ihre Schwierigkeiten in diesen Bereichen sind.

Was würden Sie in jedem Bereich gern ändern? Wer könnte Ihnen dabei helfen?

3. Drücken Sie in einem Brief an den Täter (den Sie nicht abschicken müssen) Ihre Gefühle aus. Vielleicht wollen Sie den Brief der Tonfigur, einem leeren Stuhl, auf dem Sie sich den Täter vorstellen, oder jemandem in einem Rollenspiel vorlesen.

Zu: 10. Was Sie tun können

Stecken Sie sich ein Ziel – ob klein oder groß –, das Sie in diesem Jahr im Kampf gegen sexuellen Mißbrauch erreichen können. Fordern Sie andere in Ihrer Gemeinde und Stadt heraus, sich eigene Ziele zu setzen oder mit Ihnen zusammenzuarbeiten.

ANMERKUNGEN

Zu: Kapitel 2

1 Vgl. § 173-183 des Strafgesetzbuchs (StGB), »Straftaten gegen die sexuelle Selbstbestimmung«
2 National Center on Child Abuse and Neglect, Child, Sexual Abuse: Incest, Assault and Sexual Exploitation, Washington D.C., U.S. Department of Health, Education and Welfare, August 1987, S. 2
3 Basic Facts about Sexual Child Abuse, National Committee for Prevention of Child Abuse, Chicago 1982
4 Die Zahl basiert auf einer Schätzung des amerikanischen Departments of Health, Education and Welfare vom August 1986
5 Nach Angaben des Statistischen Bundesamtes kennen etwa 23% der mißbrauchten Kinder den Täter gut oder sind mit ihm verwandt. Im Dunkelfeld ist jedoch mit wesentlich höheren Anteilen zu rechnen, da Verwandte und Bekannte seltener angezeigt werden als Fremde (vgl. die Polizeiliche Kriminalstatistik der Bundesrepublik Deutschland 1990 des Bundeskriminalamts (Hrsg.), Wiesbaden 1991. – Der Deutsche Kinderschutzbund kommt zu demselben Ergebnis: »Sie (die Täter) sind in der Regel keine Fremden für die Kinder ... In vielen Fällen gehören die Täter zur Familie des betroffenen Kindes, sind Väter, Stiefväter, Onkel, Freunde der Mutter, ältere Brüder.« (Sexuelle Gewalt gegen Kinder. Ursachen, Vorurteile, Sichtweisen, Hilfsangebote, Deutscher Kinderschutzbund e.V. 1987, S. 30)
6 Vgl. Judith Herman, Father-Daughter Incest, Cambridge 1981, S. 13
7 Die Untersuchungen wurden von der American Humane Association, Denver, Colorado, 1987 durchgeführt
8 Literature Review of Sexual Abuse, Washington D.C. 1986, S. 3
9 Herman, Father-Daughter Incest
10 Diana Russell, The Secret Trauma, New York 1986, S. 10 und Finkelhor, Sexually Victimized Children, S. 53ff. Nach Angaben des Statistischen Bundesamtes sind 75,6% der Opfer unter 14 Jahren weiblich, 24,4% männlich, 98,3% der Tatverdächtigen sind männlich.

Zu: Kapitel 3

1 Sigmund Freud, Zur Ätiologie der Hysterie, in: Freud, Gesammelte Werke, Bd. 1, Frankfurt 1972 (Erstausgabe 1896)
2 Jeffrey Moussaieff Masson, The Assault on Truth, New York 1984, S. XX, 263, 267
3 Masson, S. 136
4 Masson, S. 129

[5] Masson, S. 198, 200, 276
[6] Masson, S. 112
[7] Masson, S. 132, 136, 196, 198
[8] Masson, S. 200
[9] Herman, S. 12
[10] Herman, S. 14
[11] Herman, S. 16
[12] Herman, S. 18
[13] Rush, The Best Kept Secret: Sexual Abuse of Children, New York 1980, S. 17; deutsch: Das bestgehütete Geheimnis: Sexueller Kindesmißbrauch, Berlin 1984
[14] Rush, S. 19
[15] David K. Walters, Physical and Sexual Abuse of Children, Bloomington, Indiana 1975, S. 9

Zu: Kapitel 4

[1] Herman, S. 39
[2] Suzanne Sgroi, Handbook of Clinical Intervention in Child Sexual Abuse, Lexington 1982, S. 30
[3] Sgroi, S. 18 und 29
[4] David Finkelhor, Sexually Victimized Children, New York 1979, S. 25
[5] Finkelhor, S. 27
[6] Finkelhor, S. 22
[7] Charles P. Barnard, Alcoholism and Incest. Improving Diagnostic Comprehensiveness. International Journal of Family Therapy 5, 1983, S. 136-144

Zu: Kapitel 5

[1] Telefonische Auskunft durch Hank Giarretto, San Jose, Kalifornien, im Januar 1988
[2] Walters, S. 146
[3] Patrick Carnes, Out of the Shadows, Minneapolis, Minn., 1983, S. 9
[4] Carnes, S. 54
[5] Martin Levine und Richard Troiden, The Myth of Sexual Compulsivity, in: The Journal of Sex Research, Ausgabe vom 25.8.1988, S. 347-363
[5a] Tätertypologie nach Dr. Carole Gammer, Paris (mündlich mitgeteilt): 1. Rein Pädophile (nur durch Kinder sexuell erregbar); 2. Nichtpädophile (finden erwachsene Frauen attraktiver, haben aber Angst vor ihnen, fühlen sich ihnen nicht gewachsen); 3. sexuell »Besessene« (sexueller Verkehr mit allem, was ihnen »zwischen die Finger kommt«); 4. Beziehungsarme (Sexualität als Art, menschliche Beziehungen aufzunehmen); 5. Kokain-Konsumenten (Hemmschwelle sinkt, Droge wirkt sexuell erregend).

[6] Gary May, Understanding Sexual Child Abuse, Chicago 1978, S. 10; Diane DePanfilis, Literature Review of Sexual Abuse, August 1986, S. 7; Russell, The Secret Trauma, S. 96; Herman, Father-Daughter Incest, S. 14ff; Finkelhor, Victimized Children, S. 63; Sanford, Silent Children, S. 234-62

[7] Der anonyme Bericht liegt der Autorin vor.

[8] Russell, S. 254

[9] Florence Rush, S. 164 § 184 Abs.3 des StGB beinhaltet das Verbot der Herstellung, Einführung, Verbreitung, des Ausstellens und Zugänglichmachens solcher Erzeugnisse, die den sexuellen Mißbrauch von Kindern zum Inhalt haben. Video und Filmmaterial werden damit auch erfaßt.
Statistische Daten zur Kinderpornographie liegen für Deutschland noch nicht vor. Aussagen von Fachleuten zufolge handelt es sich um ein internationales Problem mit großem materiellen Gewinn für die Verbreiter. Über eine Verbreitung und die Verbreitungswege in Westeuropa ist noch wenig bekannt. Nach einer Schätzung von Interpol soll der »alte Kontinent« insbesondere auch die Bundesrepublik Deutschland – heute das größte Zentrum für die Produktion pornographischen Materials mit Kindern sein, das vor allem in den USA verkauft werde. Allein in den USA werden 264 pornographische Zeitschriften für Pädophile vertrieben. (Vgl. den Bericht des Bundesministers für Jugend, Familie, Frauen und Gesundheit zum Problembereich »Gewalt gegen Kinder« und »Kinderpornographie« vom 27. Juli 1990, S. 15)

[10] A. Nicholas Groth, Men Who Rape, New York 1979, S. 154-160. Nach Angaben des Statistischen Bundesamtes sind 98,3 % der Tatverdächtigen männlich (vgl. Anm. 5 und 10 in Kap. 2)

[11] Russell, S. 297

[12] Diane DePanfilis, Literature Review of Sexual Abuse, Washington D.C., August 1986, S. 5

[13] Sgroi, S. 231

[14] Herman, S. 8; Kee MacFarlane/Jill Waterman, Sexual Abuse of Young Children, New York 1986, S. 9

[15] Russell, S. 297; Sgroi, S. 231; MacFarlane, S. 9

[16] Sgroi, S. 177ff; Christine A. Courtois: Studying and Counseling Women with Past Incest Experience, in: Victimology. An International Journal, Nr. 5, 1980, S. 327

Zu: Kapitel 6

[1] Rebekah Riskin, Hiding. Unveröffentlichtes Gedicht, abgedruckt mit Erlaubnis der Autorin

[2] Von den Opfern sexuellen Mißbrauchs waren nach der Statistik des Bundeskriminalamtes 1988 75,8 % weiblich. 7,8 % der Mädchen wa-

ren bis 6 Jahre alt, 92,2 % im Alter von 6-14 Jahren (vgl. den Bericht des Bundesministers für Jugend, Familie, Frauen und Gesundheit v. 27.7.1990)

3 Herman, S. 79

4 Die anonymen Berichte liegen der Autorin vor.

5 David Finkelhor, A Source Book on Children Sexual Abuse, Beverly Hills, Kalifornien, 1986, S. 151

6 Jean Benward und Judianne Densen-Gerber, Incest as a Causative Factor in Antisocial Behavior. An Exploratory Study, in: Contemporary Drug Problems, 1975, S. 326

7 Herman, S. 119

8 National Committee for Prevention of Child Abuse, Basic Facts about Sexual Child Abuse, Chicago 1985, S. 1

9 Mitchell Ditkoff, Child Pornography, in: The American Human Society, Nr. 16(4) 1978

10 Sam Janus, The Death of Innocence, New York 1981, S. 169

11 Roberta A. Hibbard/Donald P. Orr, Incest and Sexual Abuse. Seminars in Adolescent Medicine, Nr. 1(3), September 1985, S. 160

12 Veröffentlichung des National Center of Child Abuse and Neglect, Washington D.C., 18. Dezember 1982

13 Russell, S. 160

14 Die Zahlen nannte A. Nicholas Groth bei einem Vortrag anläßlich der »Sexual Assault Conference« der Governors State University am 18.6.1984.

15 Russell, S. 158ff

Zu: Kapitel 7

1 Louise Armstrong, Kiss Daddy Goodnight, New York 1978, S. 7, deutsch mit gleichem Titel, Frankfurt 1985

2 Herman, S. 129

3 Charlotte Vale Allen, Daddy's Girl, New York 1980, S. 56

4 Sgroi, S. 129

5 Sgroi, S. 17 und 117

6 Sgroi, S. 23 und 29

7 Russell, S. 358

8 Russell, S. 369

9 Die Studie lehnt sich an die Entwicklungspsychologie Mahlers an, die schwerpunktmäßig die ersten drei Lebensjahre betrachtet. Wenn dies auch nur eine von mehreren möglichen Betrachtungsweisen ist, erscheint mir Amanats Arbeit doch als hilfreich.

10 Irving Stuart/Joanne Greer (Hrsg.), Victims of Sexual Agression, New York 1984, S. 251

11 Finkelhor, A Source Book, S. 109

12 Armstrong, S. 16

[13] Finkelhor, A Source Book, S. 106
[14] Kenneth J. Gruber/Robert Jones/Mary Freeman, Youth Reaction to Sexual Assault, in: Adolescence 17 (67), 1982, S. 541
[15] James, S. 146
[16] Sgroi, S. 31 und 184
[17] Susan Brownmiller: Against Our Will, New York 1975
[18] In Deutschland wird derjenige, der den Mißbrauch anzeigt, darüber informiert, welche Schritte unternommen werden, er erhält aber keinen Einblick in die Akten. Möglich ist dies nur, wenn die Person, die Anzeige erstattet, auch als Nebenkläger auftritt.

Zu: Kapitel 8

[1] Nicholas A. Groth, Men Who Rape, New York 1979
[2] In Deutschland werden Täter bis zum Gerichtstermin häufig aus der Untersuchungshaft entlassen, wenn nach Einschätzung der Situation durch den Untersuchungsrichter keine Flucht- oder Verdunkelungsgefahr besteht.
[3] Die Pflicht zur Anzeige von Kindesmißhandlung und sexuellem Mißbrauch wurde in Deutschland nach negativen Erfahrungen wieder abgeschafft, um das Vertrauen der Menschen, die sich an einen Arzt, Lehrer, Sozialarbeiter oder eine vergleichbare Person wenden, nicht zu beeinträchtigen.
[4] In Deutschland bemühen sich die zuständigen Stellen, gerade in Fällen von Inzest, Fälle von Mißbrauch möglichst nicht vor das Strafgericht, sondern vor das Familien- und Vormundschaftsgericht zu bringen. Letzteres ist nicht verpflichtet, die Anzeige an das Strafgericht weiterzuleiten. Es versucht, Regelungen zu finden, die Opfer und Täter ohne die Verurteilung und Inhaftierung des Täters für eine bestimmte Zeit trennen (z.B. durch ein Besuchsverbot für den geschiedenen Vater des Kindes o.ä.).
[5] Giaretto, S. 265

Zu: Kapitel 9

[1] John G. Finch, Some Thoughts on Integrating Psychology into the Christian Faith, unveröffentlichtes Manuskript, Mai 1975, S. 5
[2] Sgroi, S. 109
[3] Christine A. Courtois, Healing The Incest Wound, New York 1988, S. 202

Wer hilft bei sexuellem Mißbrauch? – Adressen

In vielen Städten gibt es Beratungsstellen, wo Kinder, Jugendliche und Erwachsene Hilfe bei sexuellem Mißbrauch finden. Bei den hier genannten überregionalen Einrichtungen können Sie auch Adressen in Ihrer Nähe bekommen:

Dt. Kinderschutzbund
Drostestr. 14–16
W-3000 Hannover 1
Tel. 0511-662056

Arbeitsgemeinschaft
Ärztlicher Beratungsstellen
gegen Kindesmißhandlung
Prof. Dr. Hermann Olbig
Universitätsklinik Essen
Hufelandstr. 55
W-4300 Essen 1
Tel. 0201-7232810

Eine Liste weiterer Anlaufstellen gibt es gegen eine Schutzgebühr von DM 12,– bei:

DONNA VITA
Fachhandel
Ruhnmark 11
W-2395 Maasbüll
Tel. 04634-1717

Hier einige Kinderschutzzentren und Beratungsstellen:

Kinderschutzzentrum
Karl-Marx-Str. 262
W-1000 Berlin 44
Tel. 030-6843064

Kind im Zentrum
Sybelstr. 30
W-1000 Berlin 12
Tel. 030-3234811

Kinder und Jugend
Notdienst Tag und Nacht
Feuerbergstr. 43
W-2000 Hamburg 63
Tel. 040-6320020

Kinderschutzzentrum
Emilienstr. 78
W-2000 Hamburg 20
Tel. 040-4910007

Kinderschutzzentrum
Zastrowstr. 12
W-2300 Kiel
Tel. 0431-16831

Violetta e.V. Mädchenberatung
Marienstr. 30
W-3000 Hannover 1
Tel. 0511-855554

Kinderschutzzentrum
Am Holzgraben 3
W-3000 Hannover 1
Tel. 0511-341014

Kinderschutzzentrum
Halberstädter Str. 135
O-3014 Magdeburg
Tel. 0391-48184

Evang. Beratungsstelle für Erziehungs-, Ehe- und Lebensfragen
Kaiser-Friedrich-Ring 27–28
W-4000 Düsseldorf 1
Tel. 0211-574047

Evangelische Beratungsstelle für Erziehungs-, Ehe- und Lebensfragen
Hinter der Kirche 37
W-4100 Duisburg
Tel. 0203-331655

Katholische Beratungsstelle für Eltern, Kinder und Jugendliche
Kapitelstr. 10
W-4040 Neuss 1
Tel. 02131-274074 und 274075

Evangelische Beratungsstelle für Ehe-, Erziehungs- und Lebensfragen
Hauptstr. 200
W-4050 Mönchengladbach
Tel. 02166-61590

Frauen helfen Frauen e.V.
Uerdingerstr. 23
W-4130 Moers 1
Tel. 02841-28600

Evangelische Beratungsstelle für Erziehungs-, Ehe- und Lebensfragen
Seyffardtstr. 74
W-4150 Krefeld
Tel. 02151-33061

Frauen helfen Frauen e.V.
Stöckmannstr. 30
W-4200 Oberhausen
Tel. 0208-805847

Ärztliche Anlaufstelle
gegen Vernachlässigung
und Mißhandlung
von Kindern
Schloßstr. 31
**W-4330 Mülheim/
Ruhr**
Tel. 0208-478451 oder
478624

Verein zur Prävention
von sexuellem Mißbrauch
an Mädchen und Jungen
Oberntorwall 11
W-4800 Bielefeld 1
Tel. 0521-64183

Sozialdienst Katholischer
Frauen e.V.,
Beratungsstelle bei
sexueller Gewalt
Hansaring 20
W-5000 Köln
Tel. 0221-120421

Kinderschutzzentrum
Spichernstr. 55
W-5000 Köln 1
Tel. 0221-520086

Notruf für Frauen und
Mädchen
Mariabrunnstr. 35
W-5100 Aachen
Tel. 0241-34411

Psychologische
Beratungsstelle
der Evangelischen Gemeinde zu Düren
Wilhelm-Wester-Weg 1
W-5160 Düren
Tel. 02421-188-148

Frauenberatungsstelle
TUBF e.V.
Dorotheenstr. 1-3
W-5300 Bonn
Tel. 0228-653222

Frauen Beratung und
Selbsthilfe e.V.
Kieselstr. 41
W-5600 Wuppertal 1
Tel. 0202-423946

Frauen helfen Frauen e.V.
Neugasse 2
W-5630 Remscheid
Tel. 02191-662466

Frauen helfen Frauen e.V.
Albrechtstr. 12
W-5650 Solingen
Tel. 0212-55470

JB Mädchentreff
Hufnagelstr. 14
W-6000 Frankfurt/M.
Tel. 069-738399

Kinderschutzzentrum
Lessingstr. 25
W-6500 Mainz
Tel. 06131-613737

Notruf und Beratung
für sexuell mißhandelte
Frauen und Mädchen e.V.
W-6800 Mannheim
Tel. 0621-10033

Kobra e.V.
Evangelische Beratungsstelle für sexuell
mißbrauchte Mädchen
Hölderlinstr. 20
W-7000 Stuttgart 1
Tel. 0711-294369

Kinderschutzzentrum
Pfarrstr. 11
W-7000 Stuttgart 1
Tel. 0711-600403

Frauen helfen Frauen e.V.
Werderstr. 159
W-7100 Heilbronn
Tel. 07131-84028

Tübinger Initiative
für Mädchenarbeit
(TIMA) e.V.
Brunnenstr. 18
W-7400 Tübingen
Tel. 07071-21849

AllerleiRauh
Lessingstr. 16
W-7500 Karlsruhe
Tel. 0721-133439 und 133440

Aufschrei e.V.
Hildastr. 53
W-7600 Offenburg
Tel. 0781-31000

Wendepunkt e.V.
Kontakt- und
Informationsstelle gegen
sexuellen Mißbrauch an
Mädchen und Jungen
Tennenbacherstr. 30
W-7800 Freiburg
Tel. 0761-289938

Frauen helfen Frauen e.V.
Röntgenstr. 3
W-7850 Lörrach
Tel. 07621-87105

Frauen helfen Frauen e.V.
Postfach 1705
W-7950 Biberach/Riss
Tel. 07351-8151

Frauen helfen Frauen e.V.
Frauenstr. 1 A
W-7980 Ravensburg
Tel. 0751-23323

Frauen helfen Frauen e.V.
Ailmgerstr. 38/1
W-7990 Friedrichshafen
Tel. 07541-21800

Kinderschutzzentrum
Pettenkoferstr. 10 A
W-8000 München 2
Tel. 089-555356

Imma-Kontakt und
Informationsstelle der
Initiative Münchener
Mädchenarbeit
Westermühlstr. 22
W-8000 München 5
Tel. 089-2014770

Kontaktstellen bzw. Einzelpersonen, die zur Problematik »sexuelle Gewalt gegen Jungen« arbeiten:

Klaus Rader
Deutscher Kinderschutzbund
Weberstraße 23
W-4300 Essen 1
Tel. 0201-234061

Jugendamt der Stadt
Osnabrück
–Jugendschutz–
Helmut Paß
Postfach 4460
W-4500 Osnabrück
Tel. 0541-3233422

Zartbitter e.V.
Stadtwaldgürtel 89
W-5000 Köln 41
Tel. 0221-405780

Wendepunkt e.V.
Talstraße 21
W-7800 Freiburg
Tel. 0761-72200

LITERATUR

Aus der Fülle an Material seien hier einige Titel genannt:

Beate Besten: Sexueller Mißbrauch und wie man Kinder davor schützt, Beck'sche Reihe, Verlag C.H. Beck, München 1991, 122 Seiten

Michele Elliott: So schütze ich mein Kind vor sexuellem Mißbrauch, Gewalt und Drogen, Kreuz Verlag, Stuttgart 1991, 200 Seiten

Ursula Enders/Johanna Stumpf: Mütter melden sich zu Wort. Sexueller Mißbrauch an Mädchen und Jungen, Volksblatt Verlag, Köln 1991, 168 Seiten

Ursula Enders (Hrsg.): Zart war ich, bitter war's. Erkennen – Schützen – Beraten, Volksblatt Verlag, Köln 1990, 360 Seiten

Barbara Kavemann/Ingrid Lohstöter: Väter als Täter. Sexuelle Gewalt gegen Mädchen, Rowohlt Verlag, Reinbek 1984, 137 Seiten

Karen Lison/Carol Poston: Weiterleben nach dem Inzest. Trauma, Bewältigung und Selbstheilung, S. Fischer Verlag, Frankfurt/M. 1991, 320 Seiten

Alice Miller: Du sollst nicht merken, Suhrkamp Verlag, Frankfurt/M. 1983, 413 Seiten

Für Kinder:

Babette Cole: Prinzessin Pfiffigunde, Carlsen Verlag, Hamburg 1988, 32 Seiten

Babette Cole: Prinz Pfifferling (nähere Angaben wie vorstehender Titel)

Mercer Mayer: Da liegt ein Krokodil unterm Bett, Verlag Friedrich Oetinger, Hamburg 1988, 28 Seiten

Malcolm u. Meryl Doney/Nick Butterworth u. Mick Inkpen: Vater, Mutter und ich, Brunnen Verlag, Gießen 1987, 32 Seiten

Gisela Braun: Ich sag nein, Verlag Die Schulpraxis, Mülheim/Ruhr 1989, 74 Seiten

Agusti Asensio: Die Traumbäckerin, Boje Verlag, Erlangen 1988, 24 Seiten

Marion Mebes: Kein Küßchen auf Kommando, Donna Vita, Maasbüll 1991, 24 Seiten

Marion Mebes: Kein Anfassen auf Kommando (Nähere Angaben wie vorstehender Titel)

Für Jugendliche:

Hadley Irwin: Liebste Abby, Verlag Beltz & Gelberg, Weinheim 1986, 148 Seiten

Ellen Howard: Lilians Geheimnis, Verlag Ueberreuther, Wien 1988, 141 Seiten

Eine ausführliche, kommentierte Liste über Bücher für Eltern und Erzieher, Kinder, Jugendliche und erwachsene Opfer ist zu beziehen bei:

DONNA VITA Fachhandel
Ruhnmark 11
W-2395 Maasbüll